junie b. jones®

주니 B. 존스와
구역질 나고 기분 나쁜 과일케이크

junie b. jones®

주니 B. 존스와
구역질 나고 기분 나쁜 과일케이크

by BARBARA PARK

illustrated by
Denise Brunkus

CONTENTS

세상에서 가장 엉뚱하고 재미있는 아이, 주니 B. 존스의 좌충우돌 성장기!

『주니 B. 존스(Junie B. Jones)』 시리즈는 호기심 많은 개구쟁이 소녀 주니 B.가 일상에서 마주하는 다양한 상황을 재치 있게 담고 있습니다. 주니 B.는 언제나 자신의 감정을 솔직하게 표현하며, 재미있는 생각이 떠오르면 주저없이 실행에 옮기는 적극적인 여섯 살 소녀입니다. 이렇게 유쾌하고 재기 발랄한 주니 B. 존스 의 성장기는 지금까지 전 세계적으로 6천 5백만 부 이상 판매되며 수많은 독자 들에게 사랑받았고, 연극과 뮤지컬로 제작되기도 했습니다.

저자 바바라 파크(Barbara Park)는 첫 등교, 친구 관계, 동생에 대한 고민 등과 같이 일상 속 다양한 상황에서 아이들이 느끼는 감정을 그들의 시선으로 탁월 하게 묘사했습니다. 특히 아이들이 영어로 말할 때 저지르기 쉬운 실수도 자연 스럽게 녹여 내어, 이야기에 더욱 공감하게 합니다.

이러한 이유로 『주니 B. 존스』 시리즈는 '엄마표 영어'를 진행하는 부모님과 초 보 영어 학습자에게 반드시 읽어야 할 영어원서로 자리 잡았습니다. 친근한 어 휘와 쉬운 문장으로 쓰여 있어 더욱 몰입하여 읽을 수 있는 『주니 B. 존스』 시리 즈는 영어원서가 친숙하지 않은 학습자들에게도 즐거운 원서 읽기 경험을 선사 할 것입니다.

퀴즈와 단어장, 그리고 번역까지 담긴 알찬 구성의 워크북!

이 책은 영어원서 『주니 B. 존스』 시리즈에, 탁월한 학습 효과를 거둘 수 있도록 다양한 콘텐츠를 덧붙인 책입니다.

- 영어원서: 본문에 나온 어려운 어휘에 볼드 처리가 되어 있어 단어를 더욱 분 명히 인지하며 자연스럽게 암기하게 됩니다.
- 단어장: 원서에 나온 어려운 어휘가 '한영'은 물론 '영영' 의미까지 완벽하게 정 리되어 있으며, 반복되는 단어까지 표시하여 자연스럽게 복습이 되도록 구성 했습니다.
- 번역: 영어와 비교할 수 있도록 직역에 가까운 번역을 담았습니다. 원서 읽기 에 익숙하지 않은 초보 학습자도 어려움 없이 내용을 파악할 수 있습니다.
- 퀴즈: 챕터별로 내용을 확인하는 이해력 점검 퀴즈가 들어 있습니다.

『주니 B. 존스』, 이렇게 읽어 보세요!

● **단어 암기는 이렇게!** 처음 리딩을 시작하기 전, 해당 챕터에 나오는 단어를 눈으로 쭉 훑어봅니다. 모르는 단어는 좀 더 주의 깊게 보되, 손으로 쓰면서 완벽하게 암기할 필요는 없습니다. 본문을 읽으면서 이 단어를 다시 만나게 되는데, 그 과정에서 단어의 쓰임새와 어감을 자연스럽게 익히게 됩니다. 이렇게 책을 읽은 후에, 단어를 다시 한번 복습하세요. 복습할 때는 중요하다고 생각하는 단어들을 손으로 쓰면서 꼼꼼하게 외우는 것도 좋습니다. 이런 방식으로 책을 읽다 보면, 많은 단어를 빠르고 부담 없이 익히게 됩니다.

● **리딩할 때는 리딩에만 집중하자!** 원서를 읽는 중간중간 모르는 단어가 나온다고 워크북을 들춰 보거나, 곧바로 번역을 찾아보는 것은 매우 좋지 않은 습관입니다. 모르는 단어나 이해가 가지 않는 문장이 나온다고 해도 펜으로 가볍게 표시만 해 두고, 전체적인 맥락을 잡아 가며 빠르게 읽어 나가세요. 리딩을 할 때는 속도에 대한 긴장감을 잃지 않으면서 리딩에만 집중하는 것이 좋습니다. 모르는 단어와 문장은, 리딩이 끝난 후에 한꺼번에 정리하는 '리뷰' 시간을 통해 점검합니다. 리뷰를 할 때는 번역은 물론 단어장과 사전도 꼼꼼하게 확인하면서 왜 이해가 되지 않았는지 확인해 봅니다.

● **번역 활용은 이렇게!** 이해가 가지 않는 문장은 번역을 통해서 그 의미를 파악할 수 있습니다. 하지만 한국어와 영어는 정확히 1:1 대응이 되지 않기 때문에 번역을 활용하는 데에도 지혜가 필요합니다. 의역이 된 부분까지 억지로 의미를 대응해서 암기하려고 하기보다, 어떻게 그런 의미가 만들어진 것인지 추측하면서 번역은 참고 자료로 활용하는 것이 좋습니다.

● **2~3번 반복해서 읽자!** 영어 초보자라면 2~3회 반복해서 읽을 것을 추천합니다. 초보자일수록 처음 읽을 때는 생소한 단어와 스토리 때문에 내용 파악에 급급할 수밖에 없습니다. 하지만 일단 내용을 파악한 후에 다시 읽으면 어휘와 문장 구조 등 다른 부분까지 관찰하면서 조금 더 깊이 있게 읽을 수 있고, 그 과정에서 리딩 속도도 빨라지고 리딩 실력을 더 확고하게 다지게 됩니다.

● **'시리즈'로 꾸준히 읽자!** 한 작가의 책을 시리즈로 읽는 것 또한 영어 실력 향상에 큰 도움이 됩니다. 같은 등장인물이 다시 나오기 때문에 내용 파악이 더 수월할 뿐 아니라, 작가가 사용하는 어휘와 표현들도 자연스럽게 반복되기 때문에 탁월한 복습 효과까지 얻을 수 있습니다. 『주니 B. 존스』 시리즈는 현재 6권, 총 40,487단어 분량이 출간되어 있습니다. 시리즈를 꾸준히 읽다 보면 영어 실력도 자연스럽게 향상될 것입니다.

영어원서 본문 구성

내용이 담긴 본문입니다.
원어민이 읽는 일반 원서와 같은 텍스트지만, 암기해야 할 중요 어휘는 볼드체로 표시되어 있습니다. 이 어휘들은 지금 들고 계신 워크북에 챕터별로 정리되어 있습니다.

학습 심리학 연구 결과에 따르면, 한 단어씩 따로 외우는 단어 암기는 거의 효과가 없다고 합니다. 대신 단어를 제대로 외우기 위해서는 문맥(Context) 속에서 단어를 암기해야 하며, 한 단어 당 문맥 속에서 15번 이상 마주칠 때 완벽하게 암기할 수 있다고 합니다.

이 책의 본문은 중요 어휘를 볼드로 강조하여, 문맥 속의 단어들을 더 확실히 인지(Word Cognition in Context)하도록 돕고 있습니다. 또한 대부분의 중요한 단어는 다른 챕터에서도 반복해서 등장하기 때문에 이 책을 읽는 것만으로도 자연스럽게 어휘력을 향상시킬 수 있습니다.

또한 본문에는 내용 이해를 돕기 위해 '각주'가 첨가되어 있습니다. 각주는 군이 암기할 필요는 없지만, 알아 두면 내용을 더 깊이 있게 이해할 수 있어 원서를 읽는 재미가 배가됩니다.

JUNIE B. JONES

워크북(Workbook)의 구성

Check Your Reading Speed
해당 챕터의 단어 수가 기록되어 있어, 리딩 속도를 측정할 수 있습니다. 특히 리딩 속도를 중시하는 독자는 유용하게 사용할 수 있습니다.

Build Your Vocabulary
본문에 볼드 표시되어 있는 단어가 정리되어 있습니다. 리딩 전, 후에 반복해서 보면 원서를 더욱 쉽게 읽을 수 있고, 어휘력도 빠르게 향상됩니다.

단어는 〈빈도 ― 스펠링 ― 발음기호 ― 품사 ― 한국어 뜻 ― 영어 뜻〉 순서로 표기되어 있으며 빈도 표시(★)가 많을수록 필수 어휘입니다. 반복해서 등장하는 단어는 빈도 대신 '복습'으로 표기되어 있습니다. 품사는 아래와 같이 표기했습니다.

n. 명사 | a. 형용사 | ad. 부사 | v. 동사
conj. 접속사 | prep. 전치사 | int. 감탄사 | idiom 숙어 및 관용구

Comprehension Quiz
간단한 퀴즈를 통해 읽은 내용에 대한 이해력을 점검해 볼 수 있습니다.

번역
영문과 비교할 수 있도록 최대한 직역에 가까운 번역을 담았습니다.

이 책의 수준과 타깃 독자

- **미국 원어민 기준**: 유치원 ~ 초등학교 저학년
- **한국 학습자 기준**: 초등학교 저학년 ~ 중학생
- **영어원서 완독 경험이 없는 초보 영어 학습자** (토익 기준 450~750 점대)
- **비슷한 수준의 다른 챕터북**: Arthur Chapter Book, Flat Stanley, The Zack Files, Magic Tree House, Marvin Redpost
- **도서 분량**: 약 6,000단어

아이도 어른도 재미있게 읽는 영어원서를
〈롱테일 에디션〉으로 만나 보세요!

아서 챕터북 시리즈

플랫 스탠리 시리즈

Chapter 1

1. **Why did Junie B. get in trouble?**

   A. She yelled at her grandpa.

   B. She ran into her grandpa.

   C. She took Ollie's bottle.

   D. She picked Ollie up.

2. **What were the baby-sitter instructions about?**

   A. Places that Junie B. needed to visit that day

   B. Places that Junie B. should not visit alone

   C. Things that Junie B. needed to do before school

   D. Things that Junie B. should not do in the house

3. **Why did Junie B. eat cereal with orange juice?**

   A. There was no more milk at home.

   B. Orange juice was her favorite drink.

   C. She could not lift the milk carton.

   D. She wanted to try something new.

4. **What did Junie B.'s grandpa let Junie B. do?**

   A. Eat fruit while watching TV

   B. Eat cereal on the floor

   C. Have breakfast on top of the refrigerator

   D. Have breakfast in her big chair without a telephone book

5. **What did Junie B. and her grandpa do together before kindergarten?**

   A. They put Junie B.'s dirty clothes in the hamper.

   B. They dressed Ollie up in his favorite clothes.

   C. They learned a new card game and her grandpa won.

   D. They played many games and Junie B. won them all.

Check Your Reading Speed

1분에 몇 단어를 읽는지 리딩 속도를 측정해 보세요.

$$\frac{1{,}062 \text{ words}}{\text{reading time ( ) sec}} \times 60 = (\qquad) \text{ wPM}$$

Build Your Vocabulary

stand for idiom 나타내다; 옹호하다
If one or more letters stand for a word or name, they are the first letter or letters of that word or name and they represent it.

except [iksépt] conj. ~이지만, ~라는 점만 제외하면; prep. ~ 외에는; v. 제외하다
You can use except to introduce a statement that makes what you have just said seem less true or less possible.

that's all idiom 그게 다이다, 그뿐이다
You can say 'that's all' at the end of a sentence when you say that there is nothing more involved than what you have mentioned.

grade [greid] n. 학년; 품질; 등급; v. 성적을 매기다; (등급을) 나누다
In the United States, a grade is a group of classes in which all the children are of a similar age.

kindergarten [kíndərgàːrtn] n. 유치원
A kindergarten is a school or class for children aged 4 to 6 years old. It prepares them to go into the first grade.

cartoon [kaːrtúːn] n. 만화 영화, 만화
A cartoon is a film or TV show, especially for children, that is made by photographing a series of drawings so that people and things in them seem to move.

★ **scream** [skri:m] v. 비명을 지르다, 괴성을 지르다; n. 비명, 절규
When someone screams, they make a very loud, high-pitched cry, because they are in pain or are very frightened.

★★★ **polite** [pəláit] a. 예의 바른, 공손한, 정중한; 예의상의
Someone who is polite has good manners and behaves in a way that is socially correct and not rude to other people.

★★ **discipline** [dísəplin] n. 규율, 훈육; 단련법, 수련법; v. 징계하다; 훈육하다
Discipline is the practice of making people obey rules or standards of behavior, and punishing them when they do not.

holler [hálər] v. 소리 지르다, 고함치다; n. 고함, 외침
If you holler, you shout loudly.

★ **speedy** [spí:di] a. 빠른, 신속한
A speedy process, event, or action happens or is done very quickly.

★ **growl** [graul] v. 으르렁거리듯 말하다; 으르렁거리다; n. 으르렁거리는 소리
If someone growls something, they say something in a low, rough, and angry voice.

★★ **sheet** [ʃi:t] n. (침대) 시트; (종이) 한 장; 넓게 퍼져 있는 것
A sheet is a large rectangular piece of cotton or other cloth that you sleep on or cover yourself with in a bed.

baby-sit [béibi-sit] v. (부모가 외출한 동안) 아이를 봐 주다
If you baby-sit for someone or baby-sit their children, you look after their children while they are out.

around the corner idiom 아주 가까운
If you say that something is around the corner, you mean that it is very near.

★ **accidental** [æksədéntl] a. 우연한, 돌발적인 (accidentally ad. 뜻하지 않게, 우연히)
An accidental event happens by chance or as the result of an accident, and is not deliberately intended.

butt [bʌt] v. (머리로) 들이받다; n. 엉덩이; 뭉툭한 끝 부분
If a person or animal butts you, they hit you with the top of their head.

‡ **stomach** [stʌ́mək] n. 배, 복부, 위(胃)
You can refer to the front part of your body below your waist as your stomach.

⋆ **yell** [jel] v. 고함치다, 소리 지르다; n. 고함, 외침
If you yell, you shout loudly, usually because you are excited, angry, or in pain.

‡ **bend** [bend] v. (bent-bent) (몸·머리를) 굽히다, 숙이다; 구부리다; n. (도로·강의) 굽이, 굽은 곳
When you bend, you move the top part of your body downward and forward.

⋆ **couch** [kautʃ] n. 소파, 긴 의자
A couch is a long, comfortable seat for two or three people.

⋆ **frown** [fraun] n. 찡그림, 찌푸림; v. 얼굴을 찡그리다; 눈살을 찌푸리다
A frown is an expression on your face when you move your eyebrows together because you are angry, unhappy, or confused.

‡ **count** [kaunt] v. (수를) 세다; 중요하다; 간주하다; 인정하다; n. 수치; 셈, 계산
If you count all the things in a group, you add them up in order to find how many there are.

‡ **million** [míljən] n. 100만; a. 100만의; 수많은
A million or one million is the number 1,000,000.

⋆ **trillion** [tríljən] n. 엄청난 수; 1조(兆); a. 1조의
A trillion is a million million.

⋆ **lap** [læp] n. 무릎; v. 휘감다, 두르다; 겹치게 하다
If you have something on your lap when you are sitting down, it is on top of your legs that forms a flat surface.

⋆ **instruction** [instrʌ́kʃən] n. 지시; 설명
An instruction is something that someone tells you to do.

* **stuff** [stʌf] n. 것, 물건, 일; v. 채워 넣다; 쑤셔 넣다

You can use stuff to refer to things such as a substance, a collection of things, events, or ideas, or the contents of something in a general way without mentioning the thing itself by name.

* **refrigerator** [rifrídʒərèitər] n. 냉장고

A refrigerator is a large container which is kept cool inside, usually by electricity, so that the food and drink in it stays fresh.

* **lick** [lik] v. 핥다; 핥아먹다; n. 한 번 핥기, 핥아먹기

When people or animals lick something, they move their tongue across its surface.

zoom [zu:m] v. 쌩 하고 가다; 급등하다; n. (빠르게) 쌩 하고 지나가는 소리

If you zoom somewhere, you go there very quickly.

* **throne** [θroun] n. 왕좌, 옥좌; 왕위, 보위

A throne is a decorative chair used by a king, queen, or emperor on important official occasions.

* **servant** [sə́:rvənt] n. 하인, 종; 부하

A servant is someone who is employed to work at another person's home.

‡ **fetch** [fetʃ] v. 가지고 오다; (특정 가격에) 팔리다; n. 가져옴, 데려옴

If you fetch something or someone, you go and get them from the place where they are.

‡ **sword** [so:rd] n. 검(劍), 칼

A sword is a weapon with a handle and a long sharp blade.

‡ **lift** [lift] v. 들어 올리다; 올라가다; n. 엘리베이터; (차 등을) 태워 주기

If you lift something, you move it to another position, especially upward.

‡ **permission** [pərmíʃən] n. 허락, 허가, 승인

If you give someone permission to do something, you allow them to do it.

‡ rule [ru:l] n. 규칙, 규정; 지배, 통치; v. 지배하다, 통치하다
Rules are instructions that tell you what you are allowed to do and what you are not allowed to do.

‡ feed [fi:d] v. 밥을 먹이다, 먹이를 주다; 먹여 살리다; 공급하다; n. (동물의) 먹이
If you feed a person or animal, you give them food to eat and sometimes actually put it in their mouths.

‡ fix [fiks] v. 준비하다, 마련하다; 고치다; 정하다
If you fix some food or a drink for someone, you make it or prepare it for them.

by oneself idiom 도움을 받지 않고; 혼자
If you do something by yourselves or all by yourselves, you do it without any help from anybody else.

₊ ingredient [ingrí:diənt] n. 재료, 성분, 원료
Ingredients are the things that are used to make something, especially all the different foods you use when you are cooking a particular dish.

‡ bowl [boul] n. (우묵한) 그릇, 통; 한 그릇(의 양)
A bowl is a round container with a wide uncovered top used especially for holding food or liquid.

₊ carton [ká:rtn] n. (음식이나 음료를 담는) 갑, 통; 상자
A carton is a plastic or cardboard container in which food or drink is sold.

‡ instead [instéd] ad. 대신에
If you do one thing instead of another, you do the first thing and not the second thing, as the result of a choice or a change of behavior.

‡ pour [pɔ:r] v. 붓다, 따르다; 마구 쏟아지다; 쏟아져 나오다
If you pour a liquid or other substance, you make it flow steadily out of a container by holding the container at an angle.

tiptop [típtap] n. (=tippy-top) 정상; 최상, 최고; a. 맨 꼭대기에 있는
The tiptop of something is the highest point of it.

★ giant [dʒáiənt] a. 거대한, 엄청나게 큰; 비범한; n. 거인
Something that is described as giant is extremely large, strong, powerful, or important.

‡ bite [bait] n. 한 입; 물기; v. 물다; 베어 물다
A bite of food is the amount of food you take into your mouth when you bite it.

yum [jʌm] int. 냠냠
People sometimes say 'yum' or 'yum yum' to show that they think something tastes or smells very good.

‡‡ reach [riːʧ] v. (손이) 닿다; (손·팔을) 뻗다; ~에 이르다; n. (닿을 수 있는) 거리
If you can reach something, you are able to touch it by stretching out your arm or leg.

puke [pjuːk] v. 토하다
If you puke, food comes up from your stomach and out through your mouth, usually because you are sick.

‡‡ fold [fould] v. (두 손·팔 등을) 끼다; 접다, 접히다; n. 주름; 접힌 부분
If you fold your arms or hands, you bring them together and cross or link them, for example, over your chest.

★ slice [slais] v. 자르다, 썰다; 베다; n. (얇게 썬) 조각; 부분, 몫
If you slice bread, meat, fruit, or other food, you cut it into thin pieces.

★ nap [næp] n. 잠깐 잠, 낮잠; v. 잠깐 자다, 낮잠을 자다
If you have a nap, you have a short sleep, usually during the day.

‡ row [rou] n. 열, 줄; 노 젓기; v. 노를 젓다 (in a row idiom 연속적으로; 일렬로)
If something happens several times in a row, it happens that number of times without a break.

sucker [sʌ́kər] n. 잘 속는 사람
If you call someone a sucker, you mean that it is very easy to cheat them.

skip [skip] v. 깡충깡충 뛰다; (일을) 거르다; 생략하다; n. 깡충깡충 뛰기
If you skip along, you move almost as if you are dancing, with a series of little jumps from one foot to the other.

hop [hap] v. (한 발로 또는 발을 모아) 깡충깡충 뛰다; (비행기·버스 등에) 타다; n. 깡충 뛰기
If you hop, you move along by jumping on one foot.

polka dot [póulkə dat] n. (옷의) 물방울무늬
Polka dots are a large number of small, round spots that are printed in a regular pattern on cloth.

hamper [hǽmpər] n. 빨랫감 바구니; (뚜껑이 있는 음식 운반용) 바구니; v. 방해하다
A hamper is a container used for carrying dirty clothes and bed sheets and for storing them while they are waiting to be washed.

stink [stiŋk] v. (고약한) 냄새가 나다, 악취가 풍기다; 수상쩍다; n. 악취
To stink means to smell very bad.

comb [koum] v. 빗질하다, 빗다; 샅샅이 찾다; n. 빗; 빗질
When you comb your hair, you tidy it using a comb.

brush [brʌʃ] v. 솔질을 하다; (솔이나 손으로) 털다; (붓을 이용하여) 바르다; n. 붓; 솔
If you brush something, you clean it or make it neat using a brush.

wiggle [wigl] v. 흔들리다, 꿈틀거리다; 흔들다; n. 꿈틀꿈틀 움직이기
If you wiggle something or if it wiggles, it moves up and down or from side to side in small quick movements.

Chapter
2

1. Why did Grace want to play a game on the bus?

  A. To find out who the best winner was

  B. To prove that Junie B. was a cheater

  C. To show Junie B. some skills that she had learned

  D. To pass the time on the boring bus ride

2. How did Junie B. cheat at Tic-Tac-Toad?

  A. She drew both X's and O's.

  B. She drew too many X's.

  C. Her X's were not written clearly.

  D. Her X's were not in a row.

3. According to Junie B., why did Grace win the skipping race?

   A. She got off the bus first.

   B. She pushed Junie B.

   C. She had bigger feet.

   D. She ran instead of skipping.

4. According to Junie B., why was the hopping contest hard?

   A. Her foot was hurting.

   B. She had just done another contest.

   C. Her clothes kept bouncing over her head.

   D. She was not used to hopping.

5. How did Junie B. feel when class started?

   A. She felt bad because she lost the games.

   B. She felt glum because her legs were tired.

   C. She felt gross because she was sweaty.

   D. She felt proud because she was still a winner.

Check Your Reading Speed

1분에 몇 단어를 읽는지 리딩 속도를 측정해 보세요.

$$\frac{953 \text{ words}}{\text{reading time ( ) sec}} \times 60 = (\quad) \text{ wPM}$$

Build Your Vocabulary

복습 **hop** [hap] v. (한 발로 또는 발을 모아) 깡충깡충 뛰다; (비행기·버스 등에) 타다; n. 깡충 뛰기
If you hop, you move along by jumping on one foot.

race [reis] v. 경주하다; 쏜살같이 가다; n. 경주; 인종, 종족
If you race, you take part in a competition to see who is the fastest, for example in running, swimming, or driving.

‡ **ride** [raid] v. (말·차량 등을) 타다; n. (말·차량 등을) 타고 달리기; 타기; 놀이기구
When you ride a vehicle such as a car, you travel in it, especially as a passenger.

* **curly** [kə́:rli] a. 곱슬곱슬한
Curly hair is full of curving shapes, like part of a circle.

복습 **skip** [skip] v. 깡충깡충 뛰다; (일을) 거르다; 생략하다; n. 깡충깡충 뛰기
If you skip along, you move almost as if you are dancing, with a series of little jumps from one foot to the other.

* **pat** [pæt] v. 쓰다듬다, 토닥거리다; n. 쓰다듬기, 토닥거리기
If you pat something or someone, you tap them lightly, usually with your hand held flat.

‡ **criticism** [krítəsìzm] n. 비평, 비판
Criticism is the action of expressing disapproval of something or someone.

backpack [bǽkpæk] n. 책가방, 배낭
A backpack is a bag with straps that go over your shoulders, so that you can carry things on your back when you are walking or climbing.

holler [hálər] v. 소리 지르다, 고함치다; n. 고함, 외침
If you holler, you shout loudly.

yell [jel] v. 고함치다, 소리 지르다; n. 고함, 외침
If you yell, you shout loudly, usually because you are excited, angry, or in pain.

row [rou] n. 열, 줄; 노 젓기; v. 노를 젓다 (**in a row** idiom 일렬로; 연속적으로)
If things or people are in a row, they are arranged in a straight line.

huffy [hʌ́fi] a. 발끈 성내는, 홱 토라진
Someone who is huffy is obviously annoyed or offended about something.

curvy [kə́:rvi] a. 구불구불한, 굴곡이 많은
If you describe something as curvy, you mean that it has a shape with several curves.

cheat [ʧi:t] v. 속이다, 사기 치다; 부정행위를 하다; n. 사기꾼; 속임수 (**cheater** n. 사기꾼)
A cheater is someone who behaves in a dishonest way.

mean [mi:n] a. 못된, 심술궂은; v. 의미하다, 뜻하다
If someone is being mean, they are being unkind to another person, for example by not allowing them to do something.

scoot over idiom 자리를 좁혀 앉다
To scoot over means to move to one side, especially in order to make room for someone or something else.

by oneself idiom 혼자; 도움을 받지 않고
If you are by yourself, or all by yourself, you are alone.

whisper [hwíspər] v. 속삭이다, 소곤거리다; n. 속삭임, 소곤거리는 소리
When you whisper, you say something very quietly, using your breath rather than your throat, so that only one person can hear you.

‡ **disappoint** [dìsəpɔ́int] v. 실망시키다; 좌절시키다 (disappointed a. 실망한)
If you are disappointed, you are sad because something has not happened or because something is not as good as you had hoped.

pull into idiom ~에 도착하다, ~에 들어오다
When a vehicle or driver pulls into a place, the vehicle moves into the place and stops there.

parking lot [páːrkiŋ lat] n. 주차장
A parking lot is an area of ground where people can leave their cars.

복습 **speedy** [spíːdi] a. 빠른, 신속한
A speedy process, event, or action happens or is done very quickly.

‡ **swing** [swiŋ] n. 그네; 흔들기; v. 흔들다, 흔들리다; 휘두르다
(swing set n. 그네와 미끄럼틀로 이루어진 스윙 세트)
A swing set is a frame for children to play on including one or more swings and often a slide.

all of a sudden idiom 갑자기
If something happens all of a sudden, it happens quickly and unexpectedly.

‡ **cream** [kriːm] v. 완패시키다; 섞어서 크림처럼 만들다; n. 크림
To cream someone means to defeat them easily and completely.

복습 **except** [iksépt] conj. ~이지만, ~라는 점만 제외하면; prep. ~ 외에는; v. 제외하다
You can use except to introduce a statement that makes what you have just said seem less true or less possible.

‡‡ **speed** [spiːd] v. 빨리 가다; 더 빠르게 하다; 속도위반하다; n. 속도
If you speed somewhere, you move or travel there quickly, usually in a vehicle.

★ **thrill** [θril] v. 열광시키다, 정말 신나게 하다; n. 흥분, 설렘; 전율 (thrilled a. 아주 신이 난)
If someone is thrilled, they are very excited and pleased about something.

‡ **beat** [biːt] v. (beat-beaten) 이기다; 때리다; (심장이) 고동치다; n. 리듬; 고동, 맥박
If you beat someone in a competition or election, you defeat or do better than them.

⁑ stamp [stæmp] v. (발을) 구르다; 쾅쾅거리며 걷다; (도장 등을) 찍다; n. (발을) 쿵쾅거리기; 도장
If you stamp or stamp your foot, you lift your foot and put it down very hard on the ground, for example because you are angry.

⁑ giant [dʒáiənt] a. 거대한, 엄청나게 큰; 비범한; n. 거인
Something that is described as giant is extremely large, strong, powerful, or important.

⁑ fair [fɛər] a. 공정한; 타당한; 아름다운; ad. 공정하게, 타당하게; n. 축제; 박람회
(fair and square idiom 정정당당하게)
If you say that someone won a competition fair and square, you mean that they won honestly and without cheating.

⁑ square [skwɛər] a. 공정한; 정사각형 모양의; n. 정사각형; 광장
If you describe something as square, you mean that it is fair or honest, especially in business matters.

⁑ stick [stik] v. (sticked/stuck-sticked/stuck) 찌르다; 붙이다, 들러붙다; n. 막대기
(stick out idiom 내밀다; 튀어나오다)
If you stick out part of your body, you extend it away from your body.

⁑ tongue [tʌŋ] n. 혀; 말버릇
Your tongue is the soft movable part inside your mouth which you use for tasting, eating, and speaking.

⁑ attractive [ətræktiv] a. 멋진; 매력적인; 마음을 끄는
Something that is attractive has a pleasant appearance or sound.

fluff [flʌf] v. 부풀리다; n. (동물이나 새의) 솜털; 보풀
If you fluff something, you shake or brush it so that it looks larger and softer.

lacy [léisi] a. 레이스의, 레이스 같은
Lacy things are made from lace or have pieces of lace attached to them.

sweaty [swéti] a. 땀투성이의, 땀에 젖은
If parts of your body or your clothes are sweaty, they are soaked or covered with sweat.

careful [kέərfəl] a. 조심하는, 주의 깊은; 세심한
If you are careful, you give serious attention to what you are doing, in order to avoid harm, damage, or mistakes.

fingernail [fíŋgərnèil] n. 손톱
Your fingernails are the thin hard areas at the end of each of your fingers.

manicure [mǽnəkjùər] n. 손톱 손질, 손 관리, 매니큐어; v. 손톱 손질을 하다
If you have a manicure, you care for your hands or nails by softening your skin and cutting and polishing your nails.

beauteous [bjú:tiəs] a. 아름다운, 예쁜
If you describe something as beauteous, you mean that it is very attractive or pleasing.

on account of idiom ~때문에
You use on account of to introduce the reason or explanation for something.

squeal [skwi:l] v. 끼익 하는 소리를 내다; 일러바치다; n. 끼익 하는 소리
If someone or something squeals, they make a long, high-pitched sound.

bounce [bauns] v. 깡충깡충 뛰다; 튀다; (아래·위로) 흔들리다; n. 튐, 튀어 오름; 탄력
To bounce means to jump up and down on something.

wipe [waip] v. (먼지·물기 등을) 닦다; 지우다; n. 닦기
If you wipe dirt or liquid from something, you remove it, for example by using a cloth or your hand.

sweat [swet] v. 땀을 흘리다; 식은땀을 흘리다, 불안해하다; n. 땀; 노력, 수고
When you sweat, salty colorless liquid comes through your skin.

poop [pu:p] v. 녹초가 되게 만들다; 똥을 싸다; n. 똥, 응가 (pooped a. 녹초가 된, 기진맥진한)
If you are pooped, you are very tired.

fluffy [flʌ́fi] a. 가벼운, 푹신한; 솜털의, 솜털로 뒤덮인
If you describe something as fluffy, you mean that it is very soft and light.

hottish [hátiʃ] a. 화끈거리는; 뜨거운 듯한
Something hottish is fairly hot.

reddish [rédiʃ] a. 발그레한, 불그스름한
Reddish things are slightly red in color.

underpants [ʌ́ndərpæ̀nts] n. (남성용·여성용) 팬티
Underpants are a short piece of underwear worn by men or women under trousers or a skirt.

★ **dumb** [dʌm] a. 멍청한, 바보 같은; 말을 못 하는
If you call a person dumb, you mean that they are stupid or foolish.

복습 **that's all** idiom 그게 다이다, 그뿐이다
You can say 'that's all' at the end of a sentence when you say that there is nothing more involved than what you have mentioned.

glum [glʌm] a. 침울한
Someone who is glum is sad and quiet because they are disappointed or unhappy about something.

Chapter
3

1. Why did Junie B. think that carnivals were rip-offs?

   A. There were never enough rides for kids.

   B. There were always long lines for the rides.

   C. One time her mom bought old cotton candy.

   D. One time her dad played an unfair game.

2. What was true about the school's Carnival Night?

   A. There would be one winner.

   B. There would be many prizes.

   C. Parents and teachers were not invited.

   D. Kids would have to manage the games.

3. Which activity would be at Carnival Night?

    A. A booth for throwing sponges at the principal

    B. A booth for painting the principal's face

    C. A room for riding the Ferris wheel

    D. A room for riding bumper cars

4. Why did Jim make fun of Junie B.?

    A. She did not know how to make a cake.

    B. She once ate all of her grandpa's cake.

    C. She misunderstood what a Cake Walk was.

    D. She was too scared to do a Cake Walk.

5. What did Junie B. and other kids tell the teacher?

    A. They could walk very well.

    B. They knew how to be polite.

    C. They wanted to help with the carnival.

    D. They could not wait for the carnival.

Check Your Reading Speed
1분에 몇 단어를 읽는지 리딩 속도를 측정해 보세요.

$$\frac{760 \ words}{reading \ time \ (\quad) \ sec} \times 60 = (\qquad) \ wPM$$

Build Your Vocabulary

carnival [káːrnəvəl] n. 카니발, 축제
A carnival is a traveling show which is held in a park or field and at which there are machines to ride on, entertainments, and games.

★ **attendance** [əténdəns] n. 출석, 참석 (take attendance idiom 출석을 확인하다)
If you take attendance, you check who is present and who is not present at a place and mark this information on a list of names.

flimsy [flímzi] a. 조잡한, 엉성한; (직물이) 얇은; (논리가) 얄팍한, 믿기지 않는
If something is flimsy, it is lacking in physical strength and not strong.

복습 **beat** [biːt] v. (beat-beaten) 이기다; 때리다; (심장이) 고동치다; n. 리듬; 고동, 맥박
If you beat someone in a competition or election, you defeat or do better than them.

복습 **hop** [hap] v. (한 발로 또는 발을 모아) 깡충깡충 뛰다; (비행기·버스 등에) 타다; n. 깡충 뛰기
If you hop, you move along by jumping on one foot.

★ **clap** [klæp] v. 박수를 치다; (갑자기·재빨리) 놓다; n. 박수; 쿵 하는 소리
When you clap, you hit your hands together to show appreciation or attract attention.

bummer [bʌ́mər] n. 실망, 실망스러운 일
If you say that something is a bummer, you mean that it is unpleasant or annoying.

whisper [hwíspər] v. 속삭이다, 소곤거리다; n. 속삭임, 소곤거리는 소리
When you whisper, you say something very quietly, using your breath rather than your throat, so that only one person can hear you.

attention [əténʃən] n. 주의, 주목; 관심, 흥미
If you give someone or something your attention, you look at it, listen to it, or think about it carefully.

fair [fɛər] n. 축제; 박람회; a. 공정한; 타당한; 아름다운; ad. 공정하게, 타당하게
A fair is an event outside where people can ride on special machines for pleasure and play games to win prizes.

ride [raid] n. 놀이기구; (말·차량 등을) 타고 달리기; 타기; v. (말·차량 등을) 타다
In an amusement park, a ride is a large machine that people ride on for fun.

wheel [hwiːl] n. 바퀴; (자동차 등의) 핸들; v. (바퀴 달린 것을) 밀다; (반대 방향으로) 홱 돌다
The wheels of a vehicle are the circular objects which are fixed underneath it and which enable it to move along the ground.

tilt [tilt] v. 기울이다, (뒤로) 젖히다; (의견·상황 등이) 기울어지다; n. 기울어짐, 젖혀짐
If you tilt an object or if it tilts, it moves into a sloping position with one end or side higher than the other.

whirl [hwəːrl] n. 빙빙 돌기; v. 빙그르르 돌다; (마음·생각 등이) 혼란스럽다
A whirl is the action of turning around in circles.

bump [bʌmp] v. 부딪치다; (신체 부위를) 찧다; 덜컹거리며 가다; n. 쿵, 탁 (하는 소리); 혹
If you bump into something or someone, you accidentally hit them while you are moving.

fake [feik] a. 모조의; 가짜의, 거짓된; n. 가짜, 모조품; v. ~인 척하다
Fake things are not real, but made to look or seem real.

cotton candy [kàtn kǽndi] n. 솜사탕
Cotton candy is a large, pink or white mass of sugar threads that is eaten from a stick.

★ **rot** [rat] v. 썩히다; 썩다, 부패하다; n. 썩음, 부식, 부패
When food, wood, or another substance rots, or when something rots it, it becomes softer and is gradually destroyed.

★ **protective** [prətéktiv] a. 보호용의; 보호하려고 하는
Protective means designed or intended to protect something or someone from harm.

★ **dentist** [déntist] n. 치과 의사
A dentist is a person who is qualified to examine and treat people's teeth.

crybaby [kráibèibi] n. 울보
If you call a child a crybaby, you mean that the child cries a lot for no good reason.

★ **shy** [ʃai] a. 수줍음을 많이 타는, 수줍어하는
A shy person is nervous and uncomfortable in the company of other people.

scary [skéəri] a. 무서운, 겁나는
Something that is scary is rather frightening.

복습 **accidental** [æksədéntl] a. 우연한, 돌발적인 (accidentally ad. 뜻하지 않게, 우연히)
An accidental event happens by chance or as the result of an accident, and is not deliberately intended.

throw up idiom 토하다
If you throw up or throw something up, food and drink comes back up from your stomach and out of your mouth.

복습 **rubber** [rʌ́bər] a. 고무의, 고무로 만든; n. 고무 (rubber band n. 고무줄)
A rubber band is a thin circle of very stretchy material that you can put around things in order to hold them together.

복습 **supply** [səplái] n. (pl.) 지급품, 비품; 공급, 제공; v. 공급하다 (office supplies n. 사무용품)
Office supplies are the materials such as paper and pens that are needed in offices.

rip-off [ríp-ɔ:f] n. 속임수, 사기; 바가지 (물품); 모작(模作)
A rip-off is an act of cheating someone by charging too much or not giving anything of value for money spent.

knock [nak] v. 치다, 부딪치다; (문 등을) 두드리다; n. 부딪침; 문 두드리는 소리
If you knock something, you touch or hit it roughly, especially so that it falls or moves.

cop [kap] n. 경찰관
A cop is a police officer who is a member of the police force.

run [rʌn] v. (ran-run) 운영하다; 달리다; (필름 등을) 돌리다, 재생시키다; n. 달리기; 연속
If you run something such as a business or an activity, you are in charge of it or you organize it.

prize [praiz] n. 상, 상품; 소중한 것; v. 소중하게 여기다
A prize is money or something valuable that is given to someone who has the best results in a competition or game, or as a reward for doing good work.

booth [bu:θ] n. (칸막이를 한) 작은 공간; (임시로 만든) 점포
A booth is a small area separated from a larger public area by screens or thin walls.

toss [tɔ:s] n. 던지기; v. (가볍게) 던지다; (고개를) 홱 쳐들다; 흔들리다
A toss is an act of throwing something, especially something light, with a quick and gentle movement of your hand.

putt [pʌt] v. [골프] (홀을 향해) 공을 가볍게 치다, 퍼트하다; n. 퍼트
In golf, when you putt, or putt the ball, you hit a golf ball lightly a short distance along the ground toward the hole.

clothespin [klóuðzpìn] n. 빨래집게
A clothespin is a small device used for holding clothes onto a clothes line while they dry.

principal [prínsəpəl] n. 교장; a. 주요한, 주된
The principal of a school or college is the person in charge of the school or college.

★ **bare** [bɛər] a. 벌거벗은; 아무것도 안 덮인; 텅 빈; v. (신체의 일부를) 드러내다
If a part of your body is bare, it is not covered by any clothing.

squish [skwiʃ] v. 으깨지다; 으깨다, 찌부러뜨리다
If something soft squishes or is squished, it is crushed out of shape when it is pressed.

★ **toe** [tou] n. 발가락
Your toes are the five movable parts at the end of each foot.

squint [skwint] v. 눈을 가늘게 뜨고 보다; 사시이다; n. 잠깐 봄; 사시
If you squint at something, you look at it with your eyes partly closed.

call someone names idiom 욕하다, 험담하다
If someone calls you names, they insult you by saying unpleasant things to you or about you.

‡ **rude** [ru:d] a. 무례한, 버릇없는; (나쁜 일이) 예상치 못한
When people are rude, they act in an impolite way towards other people or say impolite things about them.

‡ **comment** [kάment] n. 언급, 논평; v. 논평하다, 견해를 밝히다
A comment is an opinion that you express about someone or something.

‡ **appreciate** [əprí:ʃièit] v. 고마워하다; 진가를 알아보다
If you appreciate something, you are grateful for it.

복습 **polite** [pəláit] a. 예의 바른, 공손한, 정중한; 예의상의 (**politely** ad. 예의 바르게, 공손히)
Someone who is polite has good manners and behaves in a way that is socially correct and not rude to other people.

‡ **rub** [rʌb] v. (손·손수건 등을 대고) 문지르다; (두 손 등을) 맞비비다; n. 문지르기, 비비기
If you rub a part of your body, you move your hand or fingers backward and forward over it while pressing firmly.

Chapter
4

1. What was Junie B. excited to do at home?

A. Create a game for the carnival

B. Practice the carnival games

C. Ask her family to join the carnival

D. Think of prizes for the carnival

2. What did Junie B. do with a bucket?

A. She dropped clothespins in it.

B. She filled it with bottles.

C. She hit a grapefruit into it.

D. She used it to mop the bathroom.

3. What happened when Junie B. played with a sponge?

A. It got flushed down the toilet and disappeared.

B. It fell in the toilet and soaked up all the water.

C. It splashed in the toilet, so the sink got all wet.

D. It got stuck in the toilet, so the toilet overflowed.

4. What did Junie B.'s mom want Junie B. to do at the carnival?

A. Have fun even if she did not win

B. Get first place in every game

C. Focus on the prize that she wanted most

D. Try each game at least once

5. What did Junie B. plan to do?

A. Not think about winning anymore

B. Cheat if she really had to

C. Put her prizes in her room

D. Win a new toy box

Check Your Reading Speed
1분에 몇 단어를 읽는지 리딩 속도를 측정해 보세요.

$$\frac{925 \text{ words}}{\text{reading time ( ) sec}} \times 60 = (\qquad) \text{ wPM}$$

Build Your Vocabulary

all the way idiom 내내, 시종; 완전히
If you do something all the way somewhere, you do it during the whole
journey or period of time.

baby-sit [béibi-sit] v. (부모가 외출한 동안) 아이를 봐 주다
If you baby-sit for someone or baby-sit their children, you look after their
children while they are out.

carnival [káːrnəvəl] n. 카니발, 축제
A carnival is a traveling show which is held in a park or field and at which
there are machines to ride on, entertainments, and games.

prize [praiz] n. 상, 상품; 소중한 것; v. 소중하게 여기다
A prize is money or something valuable that is given to someone who
has the best results in a competition or game, or as a reward for doing
good work.

grumpy [grʌ́mpi] a. 기분이 언짢은, 심술이 난; 성격이 나쁜
If you say that someone is grumpy, you mean that they are bad-tempered
and miserable.

nap [næp] n. 잠깐 잠, 낮잠; v. 잠깐 자다, 낮잠을 자다
If you have a nap, you have a short sleep, usually during the day.

shoulder [ʃóuldər] n. 어깨; (옷의) 어깨 부분
Your shoulder is one of the two parts of your body between your neck
and the top of your arms.

slump [slʌmp] v. 구부정하다; 털썩 앉다; 급감하다; 쇠퇴하다; n. 부진; 불황

If your shoulders or head slump or are slumped, they bend forward because you are unhappy, tired, or unconscious.

hug [hʌg] v. 껴안다, 포옹하다; n. 포옹

When you hug someone, you put your arms around them and hold them tightly, for example because you like them or are pleased to see them.

laundry [lɔ́:ndri] n. 세탁; 세탁물 (laundry room n. 세탁실)

A laundry room is a room in a house, hotel, or institution where clothes, sheets, and towels are washed.

clothespin [klóuðzpìn] n. 빨래집게

A clothespin is a small device used for holding clothes onto a clothes line while they dry.

holler [hάlər] v. 소리 지르다, 고함치다; n. 고함, 외침

If you holler, you shout loudly.

except [iksépt] conj. ~이지만, ~라는 점만 제외하면; prep. ~ 외에는; v. 제외하다

You can use except to introduce a statement that makes what you have just said seem less true or less possible.

bucket [bʌ́kit] n. 양동이, 들통

A bucket is a round metal or plastic container with a handle attached to its sides.

mop [map] n. 대걸레; v. 대걸레로 닦다; (액체를) 닦아 내다

A mop is a piece of equipment for washing floors. It consists of a sponge or many pieces of string attached to a long handle.

breeze [bri:z] n. 식은 죽 먹기; 산들바람, 미풍; v. 경쾌하게 움직이다

If you say that something is a breeze, you mean that it is very easy to do or to achieve.

toss [tɔ:s] n. 던지기; v. (가볍게) 던지다; (고개를) 홱 쳐들다; 흔들리다

A toss is an act of throwing something, especially something light, with a quick and gentle movement of your hand.

putt [pʌt] v. [골프] (홀을 향해) 공을 가볍게 치다, 퍼트하다; n. 퍼트

In golf, when you putt, or putt the ball, you hit a golf ball lightly a short distance along the ground toward the hole.

club [klʌb] n. (= golf club) 골프채; 클럽, 동호회; 곤봉; v. 때리다

A club is a long, thin, metal stick with a piece of wood or metal at one end that you use to hit the ball in golf.

grapefruit [gréipfrùːt] n. 자몽

A grapefruit is a large, round, yellow fruit, similar to an orange, that has a sharp, slightly bitter taste.

growl [graul] v. 으르렁거리듯 말하다; 으르렁거리다; n. 으르렁거리는 소리

If someone growls something, they say something in a low, rough, and angry voice.

go one's way idiom (일이) ~에게 유리하게 되어 가다

If things are going your way, events or circumstances are favorable to you.

attention [əténʃən] n. 주의, 주목; 관심, 흥미 (pay attention idiom 주의를 기울이다)

If you pay attention to someone, you watch them, listen to them, or take notice of them.

sneak [sniːk] v. 살금살금 가다; 몰래 하다; a. 기습적인

If you sneak somewhere, you go there very quietly on foot, trying to avoid being seen or heard.

principal [prínsəpəl] n. 교장; a. 주요한, 주된

The principal of a school or college is the person in charge of the school or college.

sink [siŋk] n. 세면대, (부엌의) 개수대; v. 가라앉다, 빠지다; 파다

A sink is a large fixed container in a kitchen or bathroom, with faucets to supply water.

soak [souk] v. 흠뻑 적시다; (액체 속에 푹) 담그다; n. (액체 속에) 담그기

If a liquid soaks something or if you soak something with a liquid, the liquid makes the thing very wet.

⁂aim [eim] v. 겨누다; 목표하다; n. 겨냥, 조준; 목적
If you aim a weapon or object at something or someone, you point it towards them before firing or throwing it.

⁂fire [faiər] v. 발사하다; (엔진이) 점화되다; n. 화재, 불
If someone fires a gun or a bullet, or if they fire, a bullet is sent from a gun that they are using.

⁎might [mait] n. (강력한) 힘; 권력; 세력
If you do something with all your might, you do it using all your strength and energy.

⁎splash [splæʃ] v. 철벅 떨어지다; 첨벙거리다; (물 등을) 끼얹다; n. 첨벙 하는 소리
If you splash a liquid somewhere or if it splashes, it hits someone or something and scatters in a lot of small drops.

⁎toilet [tɔ́ilit] n. 변기; 화장실
A toilet is a large bowl that you sit on or stand over when you get rid of waste matter from your body.

⁎pot [pat] n. (유아용) 변기; 병, 통; 냄비, 솥; v. (나무를) 화분에 심다
A pot is a deep bowl which a small child uses instead of a toilet.

bull's-eye [búlz-ai] n. 적중, 명중; (과녁의) 중심
In shooting or the game of darts, a bull's-eye is a shot or throw of a dart that hits the center of a target.

⁑knock [nak] n. 문 두드리는 소리; 부딪침; v. (문 등을) 두드리다; 치다, 부딪치다
A knock is the sound of someone hitting a door or window, with their hand or with something hard to attract attention.

⁎pump [pʌmp] v. 빠르게 움직이다, 흔들다; (펌프로) 퍼내다; 증대하다, 강화하다; n. 펌프, 심장
If something pumps, it moves quickly up and down or in and out.

⁑on account of idiom ~ 때문에
You use on account of to introduce the reason or explanation for something.

★ **flush** [flʌʃ] v. (변기의) 물을 내리다; (물로) 씻어내다; (얼굴이) 붉어지다; n. 홍조
When someone flushes a toilet after using it, they fill the toilet bowl with water in order to clean it, usually by pressing a handle or pulling a chain.

dumb [dʌm] a. 멍청한, 바보 같은; 말을 못 하는
If you say that something is dumb, you think that it is silly and annoying.

stuck [stʌk] a. 움직일 수 없는, 꼼짝 못하는; 갇힌
If something is stuck in a particular position, it is fixed tightly in this position and is unable to move.

★ **bang** [bæŋ] v. 쾅 하고 치다; 쾅 하고 닫다; 쿵 하고 찧다; n. 쾅 (하는 소리)
If you bang on something or if you bang it, you hit it hard, making a loud noise.

gulp [gʌlp] n. 꿀꺽 삼키기; v. 꿀꺽꿀꺽 삼키다; (숨을) 깊이 들이마시다
A gulp means an act of breathing in or of swallowing something.

⁎ **lock** [lak] v. (자물쇠로) 잠그다; 고정시키다; n. 잠금장치 (unlock v. 열다)
If you unlock something such as a door, a room, or a container that has a lock, you open it using a key.

⁎ **pleasant** [plézənt] a. 상냥한, 예의 바른; 즐거운, 기분 좋은
A pleasant person is friendly and polite.

⁎ **folk** [fouk] n. (pl.) 여러분, 얘들아; 사람들; a. 민속의, 전통적인
You can use folks as a term of address when you are talking to several people.

★ **tuck** [tʌk] v. (따뜻하게) 덮어 주다; 집어넣다, 끼워 넣다; 밀어 넣다; n. 주름, 단
If you tuck someone in, especially a child, you put them into bed and make sure that they are warm and comfortable by covering them well.

⁎ **besides** [bisáidz] ad. 게다가, 뿐만 아니라; prep. ~외에
Besides is used to emphasize an additional point that you are making, especially one that you consider to be important.

* **flashlight** [flǽʃlait] n. 손전등
A flashlight is a small electric light which gets its power from batteries and which you can carry in your hand.

* **pillow** [pílou] n. 베개
A pillow is a rectangular cushion which you rest your head on when you are in bed.

dresser [drésər] n. 서랍장; 화장대
A dresser is a piece of bedroom furniture with a lot of drawers.

brand-new [brǽnd-njúː] a. 아주 새로운, 신상품의
A brand-new object is completely new.

* **shelf** [ʃelf] n. (= bookshelf) 책꽂이, (책장의) 칸; 선반
A shelf or a bookshelf is a flat piece of wood, plastic, metal, or glass that is attached to the wall or is part of a piece of furniture, used for putting things on.

* **whisper** [hwíspər] v. 속삭이다, 소곤거리다; n. 속삭임, 소곤거리는 소리
When you whisper, you say something very quietly, using your breath rather than your throat, so that only one person can hear you.

Chapter
5

1. **What was the problem with the Putting the Golf Ball game?**

   A. Junie B. did not expect a small ball.

   B. Junie B. could not see the hole in the carpet.

   C. Junie B. was not used to real golf clubs.

   D. Junie B. did not bring her own golf club.

2. **Why did Junie B. feel pressured by the man with the golf clubs?**

   A. He said that she might not win.

   B. He said that she had only one chance.

   C. He was making her rush.

   D. He was asking her many questions.

3. What was wrong with the Clothespins in a Bottle game?

A. Junie B. was given only one clothespin to drop.

B. Junie B. had to drop the clothespins from up high.

C. The clothespins were bigger than Junie B. expected.

D. The hole in the bottle was too small for Junie B.

4. What did Junie B. do to the clown?

A. She called him scary and dumb.

B. She ran into him and knocked him down.

C. She made a mean face at him.

D. She yelled at him to get away.

5. What did NOT happen to Junie B.?

A. She started to cry.

B. She lost her game tickets.

C. She dropped her ice cream.

D. Her balloon floated away.

Check Your Reading Speed
1분에 몇 단어를 읽는지 리딩 속도를 측정해 보세요.

$$\frac{913 \text{ words}}{\text{reading time (} \quad \text{) sec}} \times 60 = (\quad) \text{ WPM}$$

Build Your Vocabulary

fussbudget [fʌ́sbʌ̀dʒit] n. 귀찮게 구는 사람, 보채는 아기
A fussbudget is a person who is often not satisfied and complains about things that are not important.

* **buckle** [bʌkl] v. 버클로 잠그다; 찌그러지다; n. 버클, 잠금장치 (unbuckle v. 버클을 끄르다)
If you unbuckle something such as a belt or a shoe, you undo the buckle fastening it.

* **playground** [pléigràund] n. (학교의) 운동장; 놀이터
A playground is a piece of land, at school or in a public area, where children can play.

alive [əláiv] a. 활발한, 생기 있는; 살아 있는; 가득한
If a place is alive with something, there are a lot of people or things there and it seems busy or exciting.

* **clown** [klaun] n. 광대; 얼간이, 바보; v. 광대 짓을 하다
A clown is a performer in a circus who wears funny clothes and bright make-up, and does silly things in order to make people laugh.

yell [jel] v. 고함치다, 소리 지르다; n. 고함, 외침
If you yell, you shout loudly, usually because you are excited, angry, or in pain.

beauteous [bjúːtiəs] a. 아름다운, 예쁜
If you describe something as beauteous, you mean that it is very attractive or pleasing.

pucker [pʌ́kər] v. (입술 등을) 오므리다; 주름잡다, (얼굴 등을) 일그러뜨리다; n. 주름
If you pucker your lips or if your lips pucker, you squeeze them together and out.

‡ **lip** [lip] n. 입술; 테두리
Your lips are the two outer parts of the edge of your mouth.

nanna [nǽnə] n. 할머니; 유모
Some people refer to their grandmother as their nan or nanna.

‡ **match** [mæʧ] v. 어울리다; 일치하다; 연결시키다; 맞먹다; n. 성냥; 경기, 시합
If two things match, or if one thing matches another, they have the same color, pattern, or style and therefore look attractive together.

* **shiny** [ʃáini] a. 빛나는, 반짝거리는
Shiny things are bright and reflect light.

slick [slik] a. 매끈한, 반들반들한; 미끄러운; (겉만) 번지르르한; 능란한
If something is slick, it is smooth and shiny or wet.

smudge [smʌdʒ] v. (지저분하게) 번지게 하다; 자국을 남기다; n. (더러운) 자국, 얼룩
If you smudge a substance such as ink, paint, or make-up that has been put on a surface, you make it less neat by touching or rubbing it.

catch up idiom 따라잡다, 따라가다
If you catch up with someone, you go faster so that you reach them in front of you.

* **entire** [intáiər] a. 전체의, 완전한, 온전한
You use entire when you want to emphasize that you are referring to the whole of something, for example, the whole of a place, time, or population.

‡ **career** [kəríər] n. 생애, 경력, 이력; 직업
Your career is the period of time in your life that you spend doing a particular activity.

putt [pʌt] v. [골프] (홀을 향해) 공을 가볍게 치다, 퍼트하다; n. 퍼트

In golf, when you putt, or putt the ball, you hit a golf ball lightly a short distance along the ground toward the hole.

★ **carpet** [káːrpit] n. 카펫, 양탄자; v. 카펫을 깔다

A carpet is a thick covering of soft material which is laid over a floor or a staircase.

flagpole [flǽgpoul] n. 깃대

A flagpole is a tall pole on which a flag can be displayed.

club [klʌb] n. (= golf club) 골프채; 클럽, 동호회; 곤봉; v. 때리다

A club is a long, thin, metal stick with a piece of wood or metal at one end that you use to hit the ball in golf.

teeny [tíːni] a. 아주 작은

If you describe something as teeny, you are emphasizing that it is very small.

★ **tap** [tæp] v. (가볍게) 톡톡 두드리다; n. (가볍게) 두드리기

If you tap something, you hit it with a quick light blow or a series of quick light blows.

grapefruit [gréipfrùːt] n. 자몽

A grapefruit is a large, round, yellow fruit, similar to an orange, that has a sharp, slightly bitter taste.

frown [fraun] n. 찡그림, 찌푸림; v. 얼굴을 찡그리다; 눈살을 찌푸리다

A frown is an expression on your face when you move your eyebrows together because you are angry, unhappy, or confused.

grouch [grautʃ] v. 불평하다; 토라지다; n. 불평; 불평꾼

To grouch means to complain a lot, often without good reason.

★ **pressure** [préʃər] n. 압박감, 스트레스; 압력, 압박; v. 강요하다; 압력을 가하다

If there is pressure on a person, someone is trying to persuade or force them to do something.

swing [swiŋ] v. (swung-swung) 휘두르다; 흔들다, 흔들리다; n. 흔들기, 그네
If you swing something, you try to hit them with your arm or with something that you are holding.

zoom [zu:m] v. 쌩 하고 가다; 급등하다; n. (빠르게) 쌩 하고 지나가는 소리
If you zoom somewhere, you go there very quickly.

bounce [bauns] v. 튀다; 깡충깡충 뛰다; (아래·위로) 흔들리다; n. 튐, 튀어 오름; 탄력
When an object such as a ball bounces, it moves upwards from a surface or away from it immediately after hitting it.

rush [rʌʃ] v. 급히 움직이다, 서두르다; n. 급한 움직임; 혼잡; (감정이 갑자기) 치밀어 오름
If you rush somewhere, you go there quickly.

upset [ʌpsét] a. 심란한, 당황한, 속상한; v. 속상하게 하다
If you are upset, you are very disturbed, sad, worried, or angry because something unpleasant has happened to you.

clothespin [klóuðzpìn] n. 빨래집게
A clothespin is a small device used for holding clothes onto a clothes line while they dry.

instruction [instrʌ́kʃən] n. 설명; 지시
Instructions are clear and detailed information on how to do something.

waist [weist] n. 허리
Your waist is the middle part of your body where it narrows slightly above your hips.

pour [pɔ:r] v. 쏟아져 나오다; 붓다, 따르다; 마구 쏟아지다
When a liquid or other substance pours somewhere, for example through a hole, it flows quickly and in large quantities.

stare [stɛər] v. 빤히 쳐다보다, 응시하다; n. 빤히 쳐다보기, 응시
If you stare at someone or something, you look at them for a long time.

★ **scratch** [skrætʃ] v. 긁다; 긁힌 자국을 내다; n. 긁힌 자국; 긁는 소리
(scratch one's head idiom 난처해서 머리를 긁적이다)
If you scratch your head, you don't understand something, or don't know how to deal with it.

squirt [skwəːrt] v. (액체·가스 등을 가늘게) 찍 짜다; 찍 나오다
If you squirt a liquid somewhere or if it squirts somewhere, the liquid comes out of a narrow opening in a thin fast stream.

복습 **bucket** [bʌ́kit] n. 양동이, 들통
A bucket is a round metal or plastic container with a handle attached to its sides.

★ **grin** [grin] v. 활짝 웃다; n. 활짝 웃음
When you grin, you smile broadly.

복습 **giant** [dʒáiənt] a. 거대한, 엄청나게 큰; 비범한; n. 거인
Something that is described as giant is extremely large, strong, powerful, or important.

peek [piːk] v. 살짝 보이다; (재빨리) 훔쳐보다; n. 엿보기
If someone or something peeks, they appear slightly from behind or under something.

yellowish [jélouiʃ] a. 노르스름한
Something that is yellowish is slightly yellow in color.

back off idiom (위협·귀찮게 하기 등을) 그만두다; 뒤로 물러나다
If you tell someone to back off, you are telling them to stop threatening, criticizing, or annoying you.

복습 **scream** [skriːm] v. 비명을 지르다, 괴성을 지르다; n. 비명, 절규
When someone screams, they make a very loud, high-pitched cry, because they are in pain or are very frightened.

복습 **rule** [ruːl] n. 규칙, 규정; 지배, 통치; v. 지배하다, 통치하다
Rules are instructions that tell you what you are allowed to do and what you are not allowed to do.

sniffle [snifl] v. (계속) 훌쩍거리다; n. 훌쩍거림; 훌쩍거리는 소리
If you sniffle, you keep breathing in noisily through your nose, for example because you are crying or you have a cold.

* **string** [striŋ] n. 끈, 줄; (악기의) 현; v. 묶다, 매달다; (실 등에) 꿰다
String is thin rope made of twisted threads, used for tying things together or tying up packages.

* **slip** [slip] v. (손에서) 빠져나가다; 미끄러지다; 슬며시 가다; n. (작은) 실수; 미끄러짐
If something slips, it slides out of place or out of your hand.

* **bend** [bend] v. (bent-bent) (몸·머리를) 굽히다, 숙이다; 구부리다; n. (도로·강의) 굽이, 굽은 곳
When you bend, you move the top part of your body downward and forward.

* **float** [flout] v. (물 위나 공중에서) 떠가다; (물에) 뜨다; n. 부표
If something floats in or through the air, it hangs in it or moves slowly and gently through it.

Chapter
6

1. **How did Junie B. feel about the comb?**

   A. She was excited to use it.

   B. She did not like the color of it.

   C. She liked it more than Grace's prizes.

   D. She was not impressed by it.

2. **Why did the other kids laugh at Junie B.?**

   A. Jim said that she played in the toilet.

   B. Jim said that she could not throw a sponge.

   C. Jim said that she was scared of him.

   D. Jim said that boys were better than girls.

3. What did Junie B. do with one sponge?

A. She aimed it at the sponge lady.

B. She threw it at Jim's face.

C. She hit the principal's bald head.

D. She got her mom and dad all wet.

4. Why did Junie B. go into the Moon Walk Tent?

A. To avoid her mom and dad

B. To get away from Jim

C. To use another ticket

D. To try an easier game

5. What did Junie B.'s dad tell Junie B. to do?

A. Go to the Cake Walk but not play the game

B. Go to the Cake Walk while he looked for her shoe

C. Forget about her shoe and go back to the car

D. Put on different shoes and go back to the car

Check Your Reading Speed
1분에 몇 단어를 읽는지 리딩 속도를 측정해 보세요.

$$\frac{1{,}134 \text{ words}}{\text{reading time (\quad) sec}} \times 60 = (\quad) \text{ WPM}$$

Build Your Vocabulary

복습 **bull's-eye** [búlz-ai] n. 적중, 명중; (과녁의) 중심
In shooting or the game of darts, a bull's-eye is a shot or throw of a dart that hits the center of a target.

복습 **carnival** [ká:rnəvəl] n. 카니발, 축제
A carnival is a traveling show which is held in a park or field and at which there are machines to ride on, entertainments, and games.

복습 **toss** [tɔːs] n. 던지기; v. (가볍게) 던지다; (고개를) 홱 쳐들다; 흔들리다
A toss is an act of throwing something, especially something light, with a quick and gentle movement of your hand.

복습 **booth** [buːθ] n. (칸막이를 한) 작은 공간; (임시로 만든) 점포
A booth is a small area separated from a larger public area by screens or thin walls.

복습 **except** [iksépt] conj. ~이지만, ~라는 점만 제외하면; prep. ~ 외에는; v. 제외하다
You can use except to introduce a statement that makes what you have just said seem less true or less possible.

복습 **pole** [poul] n. 막대, 장대, 기둥; (지구의) 극 (fishing pole n. 낚싯대)
A fishing pole is a long thin stick of wood or other material with a line and hook attached to one end for use in catching fish.

복습 **dumb** [dʌm] a. 멍청한, 바보 같은; 말을 못 하는
If you say that something is dumb, you think that it is silly and annoying.

comb [koum] n. 빗; 빗질; v. 빗질하다, 빗다; 샅샅이 찾다
A comb is a flat piece of plastic or metal with narrow, pointed teeth along one side, which you use to make your hair neat.

that's all idiom 그게 다이다, 그뿐이다
You can say 'that's all' at the end of a sentence when you say that there is nothing more involved than what you have mentioned.

prize [praiz] n. 상, 상품; 소중한 것; v. 소중하게 여기다
A prize is money or something valuable that is given to someone who has the best results in a competition or game, or as a reward for doing good work.

appreciate [əprí:ʃièit] v. 고마워하다; 진가를 알아보다
If you appreciate something, you are grateful for it.

holler [hálər] v. 소리 지르다, 고함치다; n. 고함, 외침
If you holler, you shout loudly.

stuff [stʌf] n. 것, 물건, 일; v. 채워 넣다; 쑤셔 넣다
You can use stuff to refer to things such as a substance, a collection of things, events, or ideas, or the contents of something in a general way without mentioning the thing itself by name.

shiny [ʃáini] a. 빛나는, 반짝거리는
Shiny things are bright and reflect light.

barrette [bərét] n. (여성용) 머리핀
A barrette is a small metal or plastic device that a woman uses to hold her hair in position.

rubber [rʌ́bər] a. 고무의, 고무로 만든; n. 고무
Rubber things are made of rubber.

frown [fraun] n. 찡그림, 찌푸림; v. 얼굴을 찡그리다; 눈살을 찌푸리다
A frown is an expression on your face when you move your eyebrows together because you are angry, unhappy, or confused.

grouchy [gráuʧi] a. 불평이 많은, 잘 투덜거리는
If someone is grouchy, they are very bad-tempered and complain a lot.

shape up idiom 태도를 개선하다; 더 열심히 일하다; (좋은 방향으로) 되어 가다
If you tell someone to shape up, you are telling them to start behaving in a sensible and responsible way.

⁑ **calm** [ka:m] v. 진정시키다; 차분해지다; a. 침착한, 차분한; 잔잔한
(calm down idiom 진정하다, 진정시키다)
If things calm down, or someone or something calms things down, the amount of activity, trouble, or panic is reduced.

복습 **pressure** [préʃər] n. 압력, 압박; 압박감, 스트레스; v. 강요하다; 압력을 가하다
(blood pressure n. 혈압)
Your blood pressure is the amount of force with which your blood flows around your body.

복습 **playground** [pléigràund] n. (학교의) 운동장; 놀이터
A playground is a piece of land, at school or in a public area, where children can play.

복습 **principal** [prínsəpəl] n. 교장; a. 주요한, 주된
The principal of a school or college is the person in charge of the school or college.

⁑ **board** [bɔ:rd] n. 판자; 칠판; 이사회; v. 승선하다, 탑승하다
A board is a flat, thin, rectangular piece of wood or plastic which is used for a particular purpose.

복습 **clown** [klaun] n. 광대; 얼간이, 바보; v. 광대 짓을 하다
A clown is a performer in a circus who wears funny clothes and bright make-up, and does silly things in order to make people laugh.

⁂ **suit** [su:t] n. (특정한 활동 때 입는) 옷; 정장; 소송; v. ~에게 편리하다; 어울리다
A particular type of suit is a piece of clothing that you wear for a particular activity.

^{복습}instead [instéd] ad. 대신에

If you do one thing instead of another, you do the first thing and not the second thing, as the result of a choice or a change of behavior.

^{복습}stick [stik] v. 찌르다; 붙이다, 들러붙다; n. 막대기 (stick out idiom 튀어나오다; 내밀다)

If something is sticking out from a surface or object, it extends up or away from it.

⋆drip [drip] v. 방울방울 흐르다, 뚝뚝 떨어지다

When something drips, drops of liquid fall from it.

boo [buː] int. 야아! (놀라게 하거나 겁을 주려고 외치는 소리); 우우 (하는 야유 소리)

You say 'Boo!' loudly and suddenly when you want to surprise someone who does not know that you are there.

⋆scare [skɛər] v. 겁주다, 놀라게 하다; 무서워하다; n. 불안(감); 놀람, 공포

If something scares you, it frightens or worries you.

^{복습}toilet [tɔ́ilit] n. 변기; 화장실

A toilet is a large bowl that you sit on or stand over when you get rid of waste matter from your body.

^{복습}pot [pat] n. (유아용) 변기; 병, 통; (둥글고 속이 깊은) 냄비, 솥; v. (나무를) 화분에 심다

A pot is a deep bowl which a small child uses instead of a toilet.

^{복습}mean [miːn] a. 못된, 심술궂은; v. 의미하다, 뜻하다

If someone is being mean, they are being unkind to another person, for example by not allowing them to do something.

^{복습}tap [tæp] v. (가볍게) 톡톡 두드리다; n. (가볍게) 두드리기

If you tap something, you hit it with a quick light blow or a series of quick light blows.

^{복습}soak [souk] v. 흠뻑 적시다; (액체 속에 푹) 담그다; n. (액체 속에) 담그기

If a liquid soaks something or if you soak something with a liquid, the liquid makes the thing very wet.

meanie [míːni] n. 심술쟁이, 쩨쩨한 사람
A meanie is used especially by children to describe someone who is unkind, unpleasant, or not generous.

⁑ **ruin** [rúːin] v. 엉망으로 만들다; 폐허로 만들다; n. 붕괴, 몰락; 파멸
To ruin something means to severely harm, damage, or spoil it.

self-esteem [sèlf-istíːm] n. 자존감, 자부심
Your self-esteem is how you feel about yourself.

복습 **aim** [eim] v. 겨누다; 목표하다; n. 겨냥, 조준; 목적
If you aim a weapon or object at something or someone, you point it towards them before firing or throwing it.

baldy [bɔ́ːldi] n. 대머리인 사람
People sometimes refer to someone who has lost or is losing the hair on their head as a baldy, in a friendly or humorous way.

⁑ **muscle** [mʌsl] n. 근육
A muscle is a piece of tissue inside your body which connects two bones and which you use when you make a movement.

⁑ **temperature** [témpərəʧər] n. (감정의) 강함, 격렬함; 온도, 기온; 체온
You can use temperature to talk about the feelings and emotions that people have in particular situations.

⁑ **boil** [bɔil] v. 속이 끓다; 액체가 끓다 (boil over idiom 화가 끓어오르다)
If someone's feelings boil over, people cannot control their anger and start to fight or argue.

⁑ **spin** [spin] v. (spun-spun) 돌아서다; (빙빙) 돌다; n. 회전
If you spin around, you turn your head or body quickly so that it faces the opposite direction.

kisser [kísər] n. 입; 키스하는 사람
The kisser is an informal word for one's mouth.

giant [dʒáiənt] a. 거대한, 엄청나게 큰; 비범한; n. 거인
Something that is described as giant is extremely large, strong, powerful, or important.

puffy [pʌ́fi] a. 부푼; 부어 있는
Puffy things are soft and full of air.

sweat [swet] n. 땀; 노력, 수고; v. 땀을 흘리다; 식은땀을 흘리다, 불안해하다
Sweat is the salty colorless liquid which comes through your skin when you are hot, sick, or afraid.

spring [spriŋ] v. 뛰어오르다; 튀다; n. 생기, 활기; 봄
When a person or animal springs, they jump upward or forward suddenly or quickly.

blow [blou] v. (blew-blown) (입으로) 불다; (바람·입김에) 날리다; 폭파하다; n. 강타
If you blow, you send out a stream of air from your mouth.

whistle [hwisl] n. 호루라기 (소리); 쌕쌕 소리; v. 휘파람을 불다; 쌕쌕 소리를 내다
A whistle is a small metal tube that you blow in order to produce a loud sound and attract someone's attention.

time's up idiom 시간이 다 되었다
You use 'time's up' when you want to say that there is no more time available to continue doing something.

peek [piːk] v. (재빨리) 훔쳐보다; 살짝 보이다; n. 엿보기
If you peek at something or someone, you have a quick look at them, often secretly.

lift [lift] v. 들어 올리다; 올라가다; n. 엘리베이터; (차 등을) 태워 주기
If you lift something, you move it to another position, especially upward.

pleasant [plézənt] a. 상냥한, 예의 바른; 즐거운, 기분 좋은
A pleasant person is friendly and polite.

apology [əpálədʒi] n. 사죄, 사과
An apology is something that you say or write in order to tell someone that you are sorry that you have hurt them or caused trouble for them.

roll one's eyes idiom 눈을 굴리다
If you roll your eyes or if your eyes roll, they move round and upward to show you are bored or annoyed.

grumpy [grʌ́mpi] a. 기분이 언짢은, 심술이 난; 성격이 나쁜
If you say that someone is grumpy, you mean that they are bad-tempered and miserable.

pile [pail] n. 무더기; 쌓아 놓은 것, 더미; v. (차곡차곡) 쌓다; 우르르 가다
A pile of things is a mass of them that is high in the middle and has sloping sides.

strap [stræp] n. 끈, 줄, 띠; v. 끈으로 묶다; 붕대를 감다
A strap is a narrow piece of leather, cloth, or other material that is used to carry things, fasten things together, or to hold a piece of clothing in place.

buckle [bʌkl] n. 버클, 잠금장치; v. 버클로 잠그다; 찌그러지다
A buckle is a piece of metal or plastic attached to one end of a belt or strap, which is used to fasten it.

leather [léðər] n. 가죽 (patent leather n. (광택이 나는) 에나멜 가죽)
Patent leather is leather that has a shiny surface. It is used to make shoes, bags, and belts.

teeny [tíːni] a. 아주 작은
If you describe something as teeny, you are emphasizing that it is very small.

smooth [smuːð] v. 매끈하게 하다, 반듯하게 펴다; a. 매끈한; 부드러운; (소리가) 감미로운
If you smooth something, you move your hands over its surface to make it smooth and flat.

Chapter
7

1. How could kids win the Cake Walk?

A. They could win by eating the most cake.

B. They could win by collecting the most squares.

C. They could win if the cake lady chose their number.

D. They could win if they stood together in a circle.

2. What were the cake lady's instructions?

A. To stop marching when the music stopped

B. To dance around freely in a big circle

C. To grab a number when the music started

D. To jump from square to square

3. **What did Junie B.'s mother say when Junie B. won?**

   A. She should do the Cake Walk again.

   B. She should take the biggest cake.

   C. She could try a sample of each cake.

   D. She could pick any cake that she wanted.

4. **Why did Junie B. choose the fruitcake?**

   A. It was a mystery cake wrapped in foil.

   B. She enjoyed eating fruit.

   C. The other cakes looked bad.

   D. Her mother did not like fruitcake.

5. **What did Junie B. want to do with the fruitcake?**

   A. Eat it right away

   B. Show it to her dad

   C. Carry it by herself

   D. Share it with the other kids

Check Your Reading Speed

1분에 몇 단어를 읽는지 리딩 속도를 측정해 보세요.

$$\frac{797 \text{ words}}{\text{reading time ( ) sec}} \times 60 = (\quad) \text{ wPM}$$

Build Your Vocabulary

march [maːrʧ] v. 행진하다; (급히) 걸어가다; (강요해서) 데려 가다; n. 행군, 행진; 3월
If soldiers or other people march somewhere, they walk there quickly with firm regular steps.

square [skwɛər] n. 정사각형; 광장; a. 정사각형 모양의; 공정한
A square is a shape with four sides that are all the same length and four corners that are all right angles.

drool [druːl] n. 침; v. 침을 흘리다; (탐이 나서) 군침을 흘리다
Drool is the watery liquid that has come out of your mouth.

all of a sudden idiom 갑자기
If something happens all of a sudden, it happens quickly and unexpectedly.

reach [riːʧ] v. (손·팔을) 뻗다; (손이) 닿다; ~에 이르다; n. (닿을 수 있는) 거리
If you reach somewhere, you move your arm and hand to take or touch something.

prize [praiz] n. 상, 상품; 소중한 것; v. 소중하게 여기다
A prize is money or something valuable that is given to someone who has the best results in a competition or game, or as a reward for doing good work.

yum [jʌm] int. 냠냠
People sometimes say 'yum' or 'yum yum' to show that they think something tastes or smells very good.

sweat [swet] n. 땀; 노력, 수고; v. 땀을 흘리다; 식은땀을 흘리다, 불안해하다
Sweat is the salty colorless liquid which comes through your skin when you are hot, sick, or afraid.

leather [léðər] n. 가죽
Leather is treated animal skin which is used for making shoes, clothes, bags, and furniture.

skip [skip] v. 깡충깡충 뛰다; (일을) 거르다; 생략하다; n. 깡충깡충 뛰기
If you skip along, you move almost as if you are dancing, with a series of little jumps from one foot to the other.

yell [jel] v. 고함치다, 소리 지르다; n. 고함, 외침
If you yell, you shout loudly, usually because you are excited, angry, or in pain.

huff [hʌf] v. (화가 나서) 씩씩거리다; n. (화가 나서) 씩씩거림
If you huff, you indicate that you are annoyed or offended about something.

★ **puff** [pʌf] v. (연기·김을) 내뿜다; n. (작은 양의) 공기, 연기; (담배 등을) 피우기
If you puff smoke or moisture from your mouth or if it puffs from your mouth, you breathe it out.

fold [fould] v. (두 손·팔 등을) 끼다; 접다, 접히다; n. 주름; 접힌 부분
(fold one's arms idiom 팔짱을 끼다)
If you fold your arms or hands, you bring them together and cross or link them, for example, over your chest.

tap [tæp] v. (가볍게) 톡톡 두드리다; n. (가볍게) 두드리기
If you tap something, you hit it with a quick light blow or a series of quick light blows.

clap [klæp] v. 박수를 치다; (갑자기·재빨리) 놓다; n. 박수; 쿵 하는 소리
When you clap, you hit your hands together to show appreciation or attract attention.

orderly [ɔ́rdərli] a. (행동이) 질서있는; 정돈된, 정연한
If something is done in an orderly fashion or manner, it is done in a well-organized and controlled way.

bounce [bauns] v. 깡충깡충 뛰다; 튀다; (아래·위로) 흔들리다; n. 튐, 튀어 오름; 탄력
To bounce means to jump up and down on something.

knee [niː] n. 무릎; v. 무릎으로 치다
Your knee is the place where your leg bends.

holler [hálər] v. 소리 지르다, 고함치다; n. 고함, 외침
If you holler, you shout loudly.

relieve [rilíːv] v. 안도하게 하다; (불쾌감·고통 등을) 없애 주다; 완화하다 (relief n. 안도, 안심)
If you feel a sense of relief, you feel happy because something unpleasant has not happened or is no longer happening.

zoom [zuːm] v. 쌩 하고 가다; 급등하다; n. (빠르게) 쌩 하고 지나가는 소리
If you zoom somewhere, you go there very quickly.

yummy [jʌ́mi] a. 맛있는; 아주 매력적인
Yummy food tastes very good.

flavor [fléivər] n. (음식·술의) 맛; 운치, 정취; 특징; v. 맛을 내다
The flavor of a food or drink is its taste.

wrap [ræp] v. 포장하다; 둘러싸다; (무엇의 둘레를) 두르다; n. 포장지; 랩
When you wrap something, you fold paper or cloth tightly around it to cover it completely, for example when you are giving it as a present.

wrinkle [ríŋkl] v. 주름을 잡다, 찡그리다; 주름이 생기다; n. 주름
When you wrinkle your nose or forehead, or when it wrinkles, you tighten the muscles in your face so that the skin folds.

fair [fɛər] a. 공정한; 타당한; 아름다운; ad. 공정하게, 타당하게; n. 축제; 박람회
(fair and square idiom 정정당당하게)
If you say that someone won a competition fair and square, you mean that they won honestly and without cheating.

roll one's eyes idiom 눈을 굴리다
If you roll your eyes or if your eyes roll, they move round and upward to show you are bored or annoyed.

ceiling [síːliŋ] n. 천장
A ceiling is the horizontal surface that forms the top part or roof inside a room.

grouch [grautʃ] v. 불평하다; 토라지다; n. 불평; 불평꾼
To grouch means to complain a lot, often without good reason.

muscle [mʌsl] n. 근육
A muscle is a piece of tissue inside your body which connects two bones and which you use when you make a movement.

bend [bend] v. (bent-bent) (몸·머리를) 굽히다, 숙이다; 구부리다; n. (도로·강의) 굽이, 굽은 곳
When you bend a part of your body such as your arm or leg, you change its position so that it is no longer straight.

bump [bʌmp] n. 혹; 쿵, 탁 (하는 소리); v. 부딪치다; (신체 부위를) 찧다; 덜컹거리며 가다
A bump is a round, raised area on a surface or on the body.

drag [dræg] v. 끌다, 끌고 가다; 힘들게 움직이다; n. 끌기, 당기기; 장애물
If you drag something, you pull it along the ground, often with difficulty.

Chapter
8

1. What did Junie B. think when she first looked at the fruitcake?

    A. It was not a real cake.

    B. It had gone bad.

    C. It would be delicious.

    D. It had too much fruit.

2. What did Junie B. do in the car?

    A. She tried to throw the fruitcake out the window.

    B. She ate a few pieces of the fruitcake.

    C. She pushed the fruitcake away.

    D. She sat on the fruitcake.

3. What did Junie B.'s parents say about fruitcake?

A. It did not rot quickly.

B. It did not contain fruit.

C. It tasted good on Christmas.

D. It was a food that everyone liked.

4. How was Junie B.'s fruitcake useful?

A. It made the house smell good.

B. It was easy to move around the house.

C. It helped Junie B. reach the kitchen table.

D. It was comfortable to use as a bed.

5. What did Junie B. think at bedtime?

A. At least her prizes were new.

B. She actually won great prizes.

C. Prizes were not that important.

D. Maybe she could trade her prizes.

Check Your Reading Speed

1분에 몇 단어를 읽는지 리딩 속도를 측정해 보세요.

$$\frac{890 \text{ words}}{\text{reading time ( ) sec}} \times 60 = (\quad) \text{ wPM}$$

Build Your Vocabulary

⁂useful [júːsfəl] a. 유용한, 도움이 되는, 쓸모 있는
If something is useful, you can use it to do something or to help you in some way.

복습drag [dræg] v. 끌다, 끌고 가다; 힘들게 움직이다; n. 끌기, 당기기; 장애물
If you drag something, you pull it along the ground, often with difficulty.

⁂hall [hɔːl] n. (건물 내의) 복도, 통로; (크고 넓은) 방, 홀, 회관
A hall in a building is a long passage with doors into rooms on both sides of it.

⁑cheek [ʧiːk] n. 뺨, 볼; 엉덩이
Your cheeks are the sides of your face below your eyes.

⁑suck [sʌk] v. (특정한 방향으로) 빨아들이다; (입에 넣고) 빨다; 빨아 먹다; n. 빨기, 빨아 먹기
If something sucks a liquid, gas, or object in a particular direction, it draws it there with a powerful force.

복습by oneself idiom 도움을 받지 않고; 혼자
If you do something by yourselves or all by yourselves, you do it without any help from anybody else.

복습stuck [stʌk] a. 움직일 수 없는, 꼼짝 못하는; 갇힌
If something is stuck in a particular position, it is fixed tightly in this position and is unable to move.

★ hurray [həréi] int. 만세
People sometimes shout 'Hurray!' when they are very happy and excited about something.

leather [léðər] n. 가죽 (patent leather n. (광택이 나는) 에나멜 가죽)
Patent leather is leather that has a shiny surface. It is used to make shoes, bags, and belts.

shiny [ʃáini] a. 빛나는, 반짝거리는
Shiny things are bright and reflect light.

★ rock [rak] v. (전후·좌우로) 흔들다, 흔들리다; n. 바위; 돌멩이
When something rocks or when you rock it, it moves slowly and regularly backward and forward or from side to side.

back and forth idiom 앞뒤로; 좌우로; 여기저기에, 왔다 갔다
If someone moves back and forth, they repeatedly move in one direction and then in the opposite direction.

lift [lift] v. 들어 올리다; 올라가다; n. 엘리베이터; (차 등을) 태워 주기
If you lift something, you move it to another position, especially upward.

stare [stɛər] v. 빤히 쳐다보다, 응시하다; n. 빤히 쳐다보기, 응시
If you stare at someone or something, you look at them for a long time.

brownish [bráuniʃ] a. 갈색을 띤
Something that is brownish is slightly brown in color.

slick [slik] a. 매끈한, 반들반들한; 미끄러운; (겉만) 번지르르한; 능란한
If something is slick, it is smooth and shiny or wet.

★ slippery [slípəri] a. 미끄러운, 미끈거리는; 약삭빠른
Something that is slippery is smooth, wet, or oily and is therefore difficult to walk on or to hold.

rot [rat] v. 썩다, 부패하다; 썩히다; n. 썩음, 부식, 부패
When food, wood, or another substance rots, or when something rots it, it becomes softer and is gradually destroyed.

★**rotten** [ratn] a. 썩은, 부패한; 형편없는, 끔찍한
If food, wood, or another substance is rotten, it has decayed and can no longer be used.

gunky [gʌ́ŋki] a. 끈적끈적한, 들러붙는
If you describe something as gunky, you mean that it is unpleasantly sticky.

★**pinch** [pintʃ] v. 꼬집다; 너무 꽉 끼다; n. 꼬집기 (pinch off idiom 집어내다)
If you pinch something off, you remove something by pressing your thumb and fingers together and pulling.

복습 **tongue** [tʌŋ] n. 혀; 말버릇
Your tongue is the soft movable part inside your mouth which you use for tasting, eating, and speaking.

yuck [jʌk] int. 왝, 윽(역겨울 때 내는 소리)
Some people say 'yuck' when they think something is very unpleasant or disgusting.

복습 **fluffy** [flʌ́fi] a. 푹신한, 가벼운; 솜털의, 솜털로 뒤덮인
A cake or other food that is fluffy is very soft and light because it has a lot of air in it.

tiptoe [típtòu] n. (=tippy-toe) 발끝, 까치발; v. 발끝으로 (살금살금) 걷다
If you do something on tiptoe or on tiptoes, you do it standing or walking on the front part of your foot, without putting your heels on the ground.

복습 **peek** [pi:k] v. (재빨리) 훔쳐보다; 살짝 보이다; n. 엿보기
If you peek at something or someone, you have a quick look at them, often secretly.

복습 **shoulder** [ʃóuldər] n. 어깨; (옷의) 어깨 부분
Your shoulder is one of the two parts of your body between your neck and the top of your arms.

복습 **pump** [pʌmp] v. 증대하다, 강화하다; 빠르게 움직이다, 흔들다; (펌프로) 퍼내다; n. 펌프, 심장
If you pump something up, you increase the amount, value or volume of something.

복습 muscle [mʌsl] n. 근육
A muscle is a piece of tissue inside your body which connects two bones and which you use when you make a movement.

★ strain [strein] v. 안간힘을 쓰다; 무리하게 사용하다; 한계에 이르게 하다; n. 부담, 압박
If you strain to do something, you make a great effort to do it when it is difficult to do.

복습 nanna [nǽnə] n. 할머니; 유모
Some people refer to their grandmother as their nan or nanna.

복습 speedy [spíːdi] a. 빠른, 신속한
A speedy process, event, or action happens or is done very quickly.

복습 all the way idiom 내내, 시종; 완전히
If you do something all the way somewhere, you do it during the whole journey or period of time.

복습 lock [lak] v. (자물쇠로) 잠그다; 고정시키다; n. 잠금장치 (unlock v. 열다)
If you unlock something such as a door, a room, or a container that has a lock, you open it using a key.

복습 lap [læp] n. 무릎; v. 휘감다, 두르다; 겹치게 하다
If you have something on your lap when you are sitting down, it is on top of your legs that forms a flat surface.

복습 squish [skwiʃ] v. 찌부러뜨리다, 으깨다; 으깨지다
To squish means to crush something that is soft.

★★ flat [flæt] a. 납작한; 평평한; 단호한; ad. 평평하게, 반듯이; n. 평평한 부분
A flat object is not very tall or deep in relation to its length and width.

복습 buckle [bʌkl] v. 버클로 잠그다; 찌그러지다; n. 버클, 잠금장치
When you buckle a belt or strap, you fasten it.

smush [smʌʃ] v. 박살나다; 부수다, 으깨다; n. 입
If you smush something or if it smushes, it breaks into many pieces, for example when it is hit or dropped.

✻ **rhyme** [raim] n. 운(음조가 비슷한 글자); v. (두 단어나 음절이) 운이 맞다
A rhyme is a word that ends with the same sound as another word.

yucky [jʌ́ki] a. 역겨운, 구역질 나는
If you describe a food or other substance as yucky, you mean that it disgusts you.

✻ **tired** [taiərd] a. 싫증난, 지긋지긋한; 피로한, 피곤한, 지친 (**get tired of** idiom ~에 싫증나다)
If you are tired of something, you do not want it to continue because you are bored of it or unhappy with it.

✻ **bow** [bou] ① n. 나비매듭 리본; 활 ② n. (고개 숙여 하는) 인사; 절;
v. (고개를) 숙이다; (허리를 굽혀) 절하다
A bow is a knot with two loops and two loose ends that is used in tying shoelaces and ribbons.

✻ **joke** [dʒouk] n. 농담; 웃음거리; v. 농담하다; 농담 삼아 말하다
A joke is something that is said or done to make you laugh, such as a funny story.

driveway [dráivwèi] n. (주택의) 진입로
A driveway is a piece of hard ground that leads from the road to the front of a house or other building.

복습 **except** [iksépt] prep. ~ 외에는; conj. ~이지만, ~라는 점만 제외하면; v. 제외하다
You use except to introduce the only person, thing, or fact that is not included in your main statement.

복습 **slip** [slip] v. (손에서) 빠져나가다; 미끄러지다; 슬며시 가다; n. (작은) 실수; 미끄러짐
If something slips, it slides out of place or out of your hand.

plop [plap] v. 떨어뜨리다; 털썩 주저앉다, 주저앉히다; 풍덩 하고 떨어지다; n. 풍덩 (하는 소리)
If someone plops something, they drop it carelessly but gently onto a surface.

복습 **shelf** [ʃelf] n. 책꽂이, (책장의) 칸; 선반
A shelf or a bookshelf is a flat piece of wood, plastic, metal, or glass that is attached to the wall or is part of a piece of furniture, used for putting things on.

tuck [tʌk] v. (따뜻하게) 덮어 주다; 집어넣다, 끼워 넣다; 밀어 넣다; n. 주름, 단
If you tuck someone in, especially a child, you put them into bed and make sure that they are warm and comfortable by covering them well.

flashlight [flǽʃlait] n. 손전등
A flashlight is a small electric light which gets its power from batteries and which you can carry in your hand.

pillow [pílou] n. 베개
A pillow is a rectangular cushion which you rest your head on when you are in bed.

* **sparkle** [spa:rkl] v. 반짝이다; 생기 넘치다; n. 반짝거림, 광채
If something sparkles, it is clear and bright and shines with a lot of very small points of light.

sight [sait] n. 광경, 모습; 시력; 보기, 봄; 시야; v. 갑자기 보다
A sight is something that you see.

appreciate [əprí:ʃièit] v. 고마워하다; 진가를 알아보다
If you appreciate something, you are grateful for it.

comb [koum] n. 빗; 빗질; v. 빗질하다, 빗다; 샅샅이 찾다
A comb is a flat piece of plastic or metal with narrow, pointed teeth along one side, which you use to make your hair neat.

1장 가장 최고의 게임 우승자

내 이름은 주니 B. 존스(Junie B. Jones)입니다. B는 비어트리스(Beatrice)를 나타냅니다. 하지만 나는 비어트리스라는 이름을 좋아하지 않습니다. 나는 그냥 B를 좋아할 뿐이고 그게 다입니다.

나는 학교 유치부에 다니는 학년입니다. 그것은 오후에 가는 종류입니다.

오후반 학교 유치부는 오전반 학교 유치부보다 더 좋습니다. 그것은 여러분이 늦게 잠자리에 들게 되기 때문입니다. 그리고 만화 영화도 보기 때문이죠.

그런데 이거 아세요? 오늘은 올리(Ollie)라는 이름의 내 남동생이 나를 정말 너무 일찍 깨웠습니다.

그는 자기 젖병을 달라고 비명을 지르고 있었어요.

하지만 비명을 지르는 것은 예의 바르지 않습니다. 그리고 그래서 내 생각에, 그는 꾸중이 조금 필요할 것 같았습니다.

나는 나의 침대에서 일어나 앉았습니다.

"야! 조용히 좀 해!" 나는 소리쳤습니다.

엄마가 내 방문을 아주 재빠르게 열었습니다.

그녀의 두 눈은 나에게 화가 나 있었습니다.

"주니 B. 존스! 너 도대체 뭐 하는 거니?" 그녀는 으르렁거리듯 말했습니다.

나는 그녀를 피해 내 이불 아래로 숨었습니다.

"내 생각에 나는 꾸짖고 있는 거 같아요." 나는 약간 조용하게 말했습니다.

"제발, 주니 B. 오늘은 말고." 엄마가 말했습니다. "아빠와 나는 네가 최대한 얌전히 있었으면 해. 아빠랑 엄마는 둘 다 일찍 일하러 가야 하고 밀러 할아버지(Grampa Miller)가 너희를 돌보러 오실 거야."

바로 그때, 나는 현관문이 열리는 소리를 들었습니다.

"할아버지다! 나의 프랭크 밀러 할아버지(Grampa Frank Miller)예요!" 나는 소리쳤습니다.

나는 침대에서 뛰쳐나와 그를 맞이하러 달려갔습니다. 그런데 할아버지에게는 안타까운 일이었습니다. 왜냐면('cause) 그는 내가 바로 코앞에 온 것을 보지 못했거든요. 그리고 나는 실수로 그의 배를 내 머리로 들이받았습니다.

밀러 할아버지는 우-우-우웁!이라는 말을 외쳤습니다.

그런 다음 그는 몸을 크게 반으로 굽혔습니다. 그리고 나와 엄마와 아빠는 그가 소파까지 걸어가는 것을 도와야

했습니다.

아빠는 나를 향해 얼굴을 찌푸렸습니다.

"우리가 너에게 집에서 뛰어다니지 말라고 몇 번이나 이야기했니?" 그가 말했습니다.

나는 내 손가락을 모두 세었습니다. "내 생각엔, 억만 죠(million thrillion skadillion) 번이요. 하지만 그냥 나는 짐작만 하는 거예요."

그 후, 엄마는 나를 그녀의 무릎 위에 앉혔습니다. 그리고 그녀는 프랭크 밀러 할아버지에게 나에 관한 돌봄 디침('structions)을 알려 주었습니다.

돌봄 디침은 내가 하면 안 되는 모든 행동들입니다.

냉장고('frigerator) 위에 올라가기 금지처럼요.

그리고 티클(Tickle)이라는 이름의 내 강아지에게 립스틱 바르기 금지도요.

그리고 올리에게 감자를 핥게 하기 금지도요. 그런데 그는 사실 감자 핥기를 그렇게 많이 싫어하지는 않았습니다.

돌봄 디침을 전하고 나서, 엄마와 아빠는 나에게 작별 인사로 뽀뽀를 했습니다.

그 후 그들은 일하러 갔습니다.

나는 공중으로 아주 높이 뛰어올랐습니다.

"이야! 우와! 이제 엄마 아빠가 가고 없어요! 그리고 그래서 할아버지와 나는 재미있게 놀 수 있죠! 그렇죠, 할아버지? 그렇죠?"

나는 부엌으로 쌩하고 달려가서 냉장고 위에 올라갔습니다.

"저기요, 할아버지! 내가 어디에 있는지 와서 봐요!"

밀러 할아버지가 부엌으로 들어왔습니다.

"이거 봐요! 내가 여기 위에 얼마나 높이 있는지 좀 봐요! 이제 나는 왕이 될 수 있어요. 그리고 여기는 내가 앉는 왕의 자리가 될 수 있죠. 그리고 할아버지는 핑키(Pinkie)라는 이름의 내 부하예요. 그리고 할아버지는 내게 물건을 가져다줘야 하죠. 그리고 또 나는 내 검으로 할아버지의 머리를 때리게 될 수도 있어요."

밀러 할아버지는 나를 들어서 냉장고에서 내렸습니다. 그는 나를 다시 바닥으로 돌려 놓았습니다.

"좋아요, 하지만 나는 핑키, 당신에게 그러라고 허락하지 않았는걸요." 나는 말했습니다.

"미안하구나, 꼬마 아가씨. 그렇지만 너도 규칙들을 들었잖니." 할아버지가 말했습니다. "그리고 어쨌거나, 나는 올리에게 그의 아침 우유를 먹이던 걸 끝

내야 한단다."

그는 거실로 돌아갔습니다.

"저기요, 할아버지! 할아버지가 방금 나에게 아주 훌륭한 아이디어를 줬어요! 왜냐면 내 생각에는 나도 마찬가지로, 내 아침을 먹을 것 같으니까요. 그런데 나는 혼자서 내 아침밥을 차릴 수 있죠!"

나는 서둘러 재로('greedients')들을 꺼냈습니다. 재로는 여러분이 한데 섞는 것들입니다.

그릇처럼요.

그리고 숟가락도요.

그리고 시리얼도요.

그리고 우유도요.

하지만 그 우유 팩이 나에게는 아주 많이 무거웠습니다. 그리고 그래서 나는 대신에, 그냥 오렌지 주스를 꺼냈습니다.

나는 내 시리얼 그릇을 바닥에 두었습니다. 그러고 나서 나는 오렌지 주스를 시리얼 꼭대기에 부었습니다.

나는 크게 한 입 먹었습니다.

"음." 내가 말했습니다. "이건 내가 지금까지 먹어 본 것 중 제일 맛있는 아침이야. 그런데 이게 사실은 그렇게 맛이 좋지는 않네."

바로 그때 밀러 할아버지가 부엌으로 들어왔습니다. 그는 바닥에서 먹기 금지라고 말했습니다.

"알아요, 하지만 나는 커다란 부엌 의자에 앉는 게 싫단 말이에요." 내가 말했습니다. "왜냐면 나는 식탁에 닿을 정도로 키가 크지 않기 때문이에요. 그리고 그래서 엄마는 나를 전화번호부 위에 앉게 해요. 그렇지만 그건 내 엉덩이를 아프게 해요."

나의 할아버지는 내 그릇 안을 들여다보았습니다. "너 도대체 뭘 먹고 있는 거니?" 그가 물었습니다.

"나는 시리얼과 오렌지 주스를 먹고 있어요." 나는 그에게 말했습니다. "이건 아주 맛있어요. 그런데 내 생각엔, 이게 나를 토하게 할 것 같아요."

그러자 프랭크 밀러 할아버지는 냉장고를 열었습니다. 그래서 그가 나에게 더 나은 종류의 아침을 찾아 줄 수 있도록 말이죠.

"과일은 어떠니?" 그가 말했습니다.

"좋아요!" 나는 외쳤습니다. "과일 좋아요! 왜냐하면 과일은 내가 가장 제일 좋아하는 거니까요!"

나는 내 두 손을 아주 예의 바르게 모았습니다. "나는 바나나 조금이랑 복숭아 조금이랑 딸기를 조금 먹고 싶어요, 그걸로 주세요!"

그리고 그래서 할아버지는 그 과일들을 모두 한 그릇에 썰어 주었습니다. 그리고 그는 내가 거실에서 그 과일들을 먹을 수 있게 해 주었습니다. TV 앞에서요!

그리고 나는 그렇게 해서는 안 되는데도요! 하지만 우리는 엄마에게 말하지 않을 거예요!

그리고 여기 또 하나의 재밌는 일이 있습니다!

아침 식사가 끝나고, 아기 올리는 낮잠을 잤습니다. 그리고 나와 밀러 할아버지는 도둑잡기(Old Maid)를 했습니다. 그리고 나는 그를 다섯 번 모두 연속으로 이겼습니다!

그것은 내가 계속해서 도둑 카드를 나의 나머지 카드들보다 한참 위에 두었기 때문입니다. 그리고 그는 계속해서 그 카드를 골랐어요!

프랭크 밀러 할아버지는 순진한 사람인 것 같습니다. 내 생각에는요.

마찬가지로, 나와 그는 훨씬 더 많은 게임을 했습니다.

그것들의 이름은 누가 누가 제일 빨리 깡충깡충 달리나(Who Can Skip the Fastest)입니다. 그리고 누가 누가 한 발로 제일 멀리 뛰나(Who Can Hop on One Foot the Longest)예요. 그리고 또 틱-택-토드(Tic-Tac-Toad)라는 게임이에요.

그리고 그거 아세요? 내가 그 게임들을 전부 이겼어요, 또 말이죠!

"나는 이 세상에서 가장 최고로 훌륭한 게임 우승자야!" 나는 말했습니다.

그런 다음 나는 학교 유치부에 갈 준비를 하기 위해 내 방으로 뛰어갔습니다.

먼저, 나는 물방울무늬가 그려진 내가 가장 좋아하는 바지를 입었습니다.

그리고 나서, 나는 앞에 소가 그려진 내가 가장 좋아하는 스웨터를 찾았습니다. 그것은 더러운 옷이 들어 있는 빨래 바구니 속에 있었습니다. 하지만 그 스웨터는 냄새가 그렇게 고약하지도 않았어요.

그 후, 나는 손가락으로 내 머리를 빗었습니다. 그리고 나는 내 이를 닦았습니다. 흔들리는 이는 빼고 말이죠.

할아버지는 나에게 점심으로 먹을 샌드위치를 만들어 주었습니다. 그것의 이름은 잭 치즈(Jack Cheese)입니다.

나는 샌드위치를 전부 먹었습니다. 그런 다음 나는 그에게 진한 뽀뽀를 했습니다. 그리고 나는 정말 행복하게 나의 스쿨버스로 깡충깡충 뛰어갔습니다.

"나는 가장 최고의 우승자라네에에에. 나는 가장 최고의 우승자라네-에에에." 나는 아주 시끄럽게 노래를 불렀습니다.

왜냐면 승리는 내가 정말 좋아하는 가장 재미있는 것이기 때문입니다.

2장 한 발 뛰기와 달리기 시합과 틱-택-토드

나는 그레이스(Grace)라는 이름의 나의 가장 친한 친구와 함께 스쿨버스를 탑니다.

그녀는 곱슬곱슬한 검은색 머리를 가지고 있습니다. 그것은 내가 가장 좋아하는 종류의 머리입니다.

또한 그녀는 큰 발이 들어가는 분홍색 하이 톱 운동화를 가지고 있습니다.

그 그레이스는 행운아입니다, 내 생각에는요.

"저기, 그레이스! 너 이거 알아? 나하고 우리 프랭크 밀러 할아버지가 오늘 게임을 했거든! 그리고 나는 도둑잡기랑 한 발 뛰기랑 깡충깡충 달리기랑 틱-택-토드에서 할아버지를 이겼어! 그리고 그래서 나는 이 세상에서 가장 최고의 게임 우승자야!"

그 그레이스는 미소 지었습니다. "나도, 마찬가지야." 그녀는 말했습니다. "나도 똑같이, 훌륭한 게임 우승자야."

나는 그녀를 아주 다정하게 토닥였습니다. "좋아, 그런데 너는 나만큼 훌륭할 수는 없어, 그레이스. 왜냐면 내가 그걸 먼저 말했거든, 그래서 그렇지."

그 그레이스는 나를 향해 화가 난 표정을 지었습니다. 그런 다음 그녀는 나를 바보라는 이름으로 불렀습니다.

나는 그녀를 다시 한 번 토닥였습니다.

"너는 비판을 그렇게 잘 받아들이지는 않는구나, 그레이스." 내가 말했습니다.

바로 그때 그녀는 자신의 가방에서 연필 한 자루와 종이를 꺼냈습니다.

그녀는 틱-택-토드 판을 그렸습니다. "이제 우리는 누가 정말로 가장 최고의 우승자인지 알게 될 거야." 그녀가 말했습니다.

"내가 X야!" 나는 외쳤습니다.

"내가 O야!" 그녀가 소리쳤습니다.

"내가 먼저 그린다!" 내가 외쳤습니다.

"내가 그다음이야!" 그녀가 소리쳤습니다.

그러고 나서 나와 그녀는 틱-택-토드를 했습니다.

"틱-택-토드! 한 줄(road)에 3개야!" 나는 굉장히 빠르게 소리쳤습니다. "봤지, 그레이스? 봤지? 내가 너한테 내가 가장 최고의 우승자라고 말했잖아!"

그 그레이스는 종이를 바라보았습니다.

"하지만 네 X들은 한 줄에 있지 않잖아, 주니 B." 그녀가 말했습니다.

나는 그녀를 향해 씩씩댔습니다.

"나도 그것들이 한 줄에 있지 않다는

걸 알아, 그레이스. 그래서 내가 그것들을 연결하려고 구불구불한 선을 그린 거잖아."

그 그레이스는 벌떡 일어섰습니다.

"사기꾼! 사기꾼! 그건 반칙이지!" 그녀가 외쳤습니다. "X들은 똑바른 선 위에 있어야 해!"

그런 다음 그녀는 우리의 틱-택-토드 판을 버스 전체에 돌렸습니다. 그리고 다른 아이들도 모두 나를 사기꾼이라고 불렀습니다.

게다가 짐(Jim)이라는 이름의 못된 녀석은 나를 괴짜라는 이름으로 불렀습니다.

나는 그 녀석이 싫습니다.

그 후, 나는 혼자 창가로 쭈욱 들어가 앉았습니다.

"내가 O를 했어야 했는데." 나는 몹시 실망해서 속삭였습니다.

얼마 지나지 않아, 버스가 나의 학교 주차장에 도착했습니다.

나는 아주 재빠르게 그것에서 서둘러 내렸습니다.

"야, 주니 B.! 기다려!" 그 그레이스가 외쳤습니다. "너랑 나랑 그네까지 같이 깡충깡충 뛰어가 보자. 어때?"

그리고 그래서 갑자기, 나는 다시 마음속으로 행복해졌습니다. 왜냐면 깡충깡충 달리기는 내가 가장 제일 잘하는 게임이거든요! 나는 그녀를 그 게임에서 완전히 이겨 버릴 수 있을 것 같았습니다, 내 생각에는요!

"야, 그레이스!" 나는 소리쳤습니다. "너와 내가 깡충깡충 달리기 시합을 하는 거야! 먼저 그네에 도착하는 사람이 우승자야!"

나는 크게 숨을 들이마셨습니다.

"제자리에. . . 준비. . . 출발!" 나는 외쳤습니다.

하지만 그 그레이스는 사실 아직 버스에서 완전히 내리지 않았습니다.

그런데 그것은 내가 신경 쓸 문제가 아닙니다.

나는 엄청난 속도를 내는 로켓만큼 빠르게 깡충깡충 뛰어갔습니다.

"내가 이긴다! 내가 이길거라고!" 나는 아주 신이 나서 외쳤습니다.

하지만 바로 그때, 그 그레이스가 나를 바로 추월해 뛰어갔습니다.

"안녕, 주니 B. . . . 잘 있어, 주니 B.!" 그녀가 말했습니다.

그런 다음 그녀는 나보다 먼저 그네를 쳤습니다.

"내가 이겼다! 내가 이겼어!" 그녀가 소리 질렀습니다. "내가 너를 깡충깡충 달리기에서 이겼어! 내가 너한테 나는 훌륭한 게임 우승자라고 말했잖아."

나는 그녀를 향해 나의 발을 쿵쿵 굴렀습니다. "아니, 너는 훌륭한 게임 우승자가 아니야, 그레이스." 내가 말했습니다. "왜냐면 너의 발은 내 발보다 훨씬 더 거대하니까. 그리고 또 너한테는 분홍색 하이 톱 운동화가 있잖아. 그러니까 이 시합은 정정당당하지 않았어."

그 그레이스는 나를 향해 자신의 혀를 쑥 내밀었습니다.

"그건 그다지 보기 좋은 모습이 아니네요, 아가씨." 내가 말했습니다.

그러고 나서 나는 뒤로 돌았고 루실(Lucille)이라는 이름의 나의 다른 가장 친한 친구를 발견했습니다!

나는 그녀에게 아주 빠르게 뛰어갔습니다.

"저기, 루실! 나야! 너의 가장 친한 친구, 주니 B. 존스야! 우리 그 그레이스랑 놀지 말자, 알았지? 그냥 우리끼리만 놀자. 왜냐면 너랑 나는 한 발 뛰기 시합을 할 수 있으니까! 그리고 우리는 누가 가장 최고의 한 발 뛰기 선수인지 알 수 있을 거야!"

루실은 자신의 레이스 원피스를 부풀렸습니다.

"알겠어, 그런데 나는 땀이 나선 안 돼. 그리고 또 나는 내 손톱에 신경을 써야 해."

그녀는 손톱을 나에게 보여 주었습니다.

"보여? 매니큐어 발라 주는 언니가 손톱을 살구색(Apricot Ice)으로 발라

줬어. 얼마나 예쁜지 보이지?"

"그래, 그래, 됐고." 나는 보지 않고 말했습니다.

나는 크게 숨을 쉬었습니다.

"제자리에. . . 준비. . . 출발!" 내가 외쳤습니다.

그 후 나와 루실은 한 발로 뛰기 시작했습니다.

우리는 한 발로 뛰고 뛰고 또 뛰었습니다.

그런데 그것은 밀러 할아버지와 했던 한 발 뛰기만큼 재미있지 않았습니다. 왜냐하면 루실은 지쳐서 넘어지지 않았기 때문입니다.

"이것 봐, 주니 B.!" 그녀가 몹시 꽥꽥거리며 말했습니다. "내가 얼마나 통통 뛰는지 봐! 이거 정말 재밌다! 안 그래?"

나는 땀이 나는 내 머리를 닦았습니다.

"응, 그런데 네가 지금 넘어지면 더 재미있을 거야, 루실. 왜냐면 나는 방금 그 그레이스랑 깡충깡충 달리기 경주를 했거든. 그리고 나는 지금 조금 지쳤어."

"봐, 주니 B.!" 그녀가 또다시 말했습니다. "내 풍성한 치마가 내가 아주 높이 뛸 때 내 머리 위로 튀어 오르는 것 좀 봐!"

나의 얼굴은 화끈거리고 빨개진 느

낌이었습니다.

"속바지 보인다, 루실." 나는 그녀에게 말했습니다.

하지만 그 바보 같은 루실은 내가 그녀의 속바지를 볼 수 있는지는 신경 쓰지도 않았습니다. 그녀는 그저 계속해서 한 발로 뛰고 또 뛰었습니다.

마침내, 나는 지쳐서 쓰러졌습니다.

"이야! 우와!" 루실이 소리쳤습니다. "내가 우승자야! 내가 한 발 뛰기의 우승자라고!"

바로 그때, 학교 종이 울렸습니다. 그리고 모두가 9반(Room Nine)으로 달려갔습니다.

나만 빼고 말입니다.

나는 아주 천천히 걸었습니다.

혼자서 말이죠.

선생님(Mrs.)이 9반 밖에 서 있었습니다.

선생님은 내 선생님의 이름입니다. 또한, 그녀는 다른 이름도 가지고 있습니다. 하지만 나는 그냥 선생님이라는 이름을 좋아할 뿐이고 그게 다입니다.

그녀는 나를 향해 미소 지었습니다.

"오늘은 왜 그렇게 침울하니, 주니 B.?" 그녀가 물었습니다.

"왜냐면 애들이 계속해서 내가 잘하는 모든 게임에서 나를 이기고 있거든요, 그래서 그래요. 그리고 그래서 이제 나는 더 이상 가장 최고의 우승자가 아

니에요." 나는 말했습니다.

그 후 나는 나의 자리로 갔습니다. 그리고 나는 나의 책상 위에 내 머리를 대고 엎드렸습니다. 왜냐하면 침울한 것은 행복이 바로 여러분에게서 떠나버린 때이기 때문입니다.

3장 카니발에 관한 모든 것

선생님은 출석을 확인했습니다.

출석은 여러분이 왔어요라는 말을 하는 때입니다. 하지만 나는 그 말을 하고 싶지 않았습니다. 그래서 나는 그냥 내 손을 아주 엉거주춤하게 들어 올렸습니다.

"너 괜찮은 거니, 주니 B.?" 선생님이 물었습니다.

"쟤는 괜찮아요." 루실이 말했습니다. "주니 B.는 제가 한 발 뛰기에서 자기를 이겨서 그냥 화가 나 있을 뿐이에요."

"맞아, 그런데 그건 내가 이미 너한테 설명했잖아, 이 아가씨야!" 나는 루실의 얼굴에 대고 소리쳤습니다.

선생님은 나를 향해 큰 소리로 손뼉을 쳤습니다.

"주니 B. 존스! 그만하면 됐어!" 그녀가 말했습니다.

나는 또다시 나의 책상 위에 내 머리를 대고 엎드렸습니다. "오늘은 완전 꽝

이야." 나는 나에게만 들리도록 중얼거렸습니다.

선생님은 자신의 책상 앞에 섰습니다.

"여러분. 잠깐 주목해 줄래요? 선생님이 여러분에게 금요일에 학교에서 있을 특별한 밤에 대해 말해 주고 싶어요. 그건 카니발의 밤(Carnival Night)이라고 불린답니다. 카니발이 무엇인지 아는 사람 있나요?"

"저요! 제가 알아요!" 내가 싫어하는 짐 그 녀석이 말했습니다. "카니발은 해마다 주 박람회에서 하는 것과 비슷한 거예요. 거기에는 놀이 기구가 많이 있어요. 대관람차(Ferris wheel)랑 회전컵(Tilt-A-Whirl)이랑 범퍼카 같은 것들이요."

"맞아요, 그리고 가짜 오리들이 있는 사격 연습장도 있어요." 자말 홀(Jamal Hall)이 말했습니다.

"그리고 이를 보호하는 에나멜에 커다랗고 까만 구멍을 내서 이를 썩게 하는 솜사탕도 있어요." 내가 좋아하는 리카도(Ricardo)라는 이름의 남자아이가 말했습니다.

리카도의 엄마는 치과 의사인 것 같습니다, 내 생각에는요.

그 후, 윌리엄(William)이라는 이름의 울보 남자아이가 아주 부끄러워하며 일어났습니다. 그리고 그는 그가 한번은 무시무시한 롤러코스터를 탔다고 이야기했습니다. 그리고 그는 그렇게 많이 울지도 않았다고 했습니다. 그는 실수로 핫도그를 토했을 뿐이었죠.

그리고 나서 폴리 앨런 푸퍼(Paulie Allen Puffer)도 마찬가지로, 그가 토했던 카니발 음식에 관해 말해 주었어요.

캔디 애플(candy apple)처럼요.

그리고 캐러멜 팝콘이요.

그리고 고무 밴드도요.

고무 밴드는 음식이 아니지만요. 그것은 사무실에서 쓰는 물건이죠.

나는 내 손을 들었습니다. "카니발은 사기예요." 내가 말했습니다. "왜냐면 한번은 우리 아빠가 공 하나로 병 세 개를 계속 쓰러뜨리려고 했거든요. 그런데 아빠가 병들을 맞췄을 때도, 병들은 넘어가지 않았어요. 그래서 그때 아빠와 엄마가 경찰을 불러야 했죠. 그리고 또 6시랑 10시에 하는 목격자 뉴스(Eyewitness News)도요."

선생님은 큰소리로 웃었습니다.

"그래요, 하지만 그건 웃을 일이 아닌걸요." 나는 선생님에게 말했습니다.

그녀는 웃는 것을 멈추었습니다.

"그럼. 물론 웃을 일이 아니지." 그녀가 말했습니다. "하지만 선생님이 약속하는데 우리 학교에서 하는 카니발의 밤에서는 그런 일이 일어나지 않을 거야, 주니 B. 모든 게임은 부모님들과 선생님들에 의해 진행될 거야. 그리고 받을 수 있는 상품이 수백 개나 있을 거란다."

나는 조금 더 꼿꼿이 앉았습니다.

"수백 개요?" 내가 말했습니다.

"수백 개." 그녀가 말했습니다.

"좋아요, 하지만 저는 어떻게 그것들을 받을 수 있는지도 모르는걸요." 내가 말했습니다.

그리고 그래서 선생님은 카니발 게임에 관한 모든 것을 설명해 주는 종이 한 장을 꺼냈습니다.

"음, 어디 보자." 그녀가 말했습니다. "이 종이에는 낚시하기 부스(Fishing Booth), 동전 던지기(Penny Toss), 문 워크 텐트(Moon Walk Tent), 골프공 치기(Putting Green), 병 안에 빨래집게 넣기(Clothespins in the Bottle), 농구공 던지기(Basketball Shoot), 고리 던지기(Ring Toss), 그리고 여러분이 우리 교장 선생님의 얼굴에 물에 젖은 스펀지를 던질 수 있는 부스가 있을 거라고 쓰여 있네요."

바로 그때 9반 아이들이 정말 많이 웃기 시작했습니다. 왜냐면 교장 선생님에게 스펀지를 던지는 것은 꿈이 이루어지는 것이니까요, 그래서 그렇죠.

선생님은 계속해서 읽었습니다. "그리고 또 종이에는 미술 선생님이신, 홀 선생님(Mrs. Hall)이, 미술실에서 얼굴에 그림을 그려 줄 거라고 쓰여 있어요. 그리고 바로 우리 9반 교실에서는, 케이크 걷기(Cake Walk)가 있을 거라고 하네요."

나는 곧장 내 의자에서 뛰어내렸습니다.

"저기요! 이거 아세요? 케이크 위를 걷는 것은 내가 정말 좋아하는 최고로 재미있는 것이에요! 왜냐면 한번은 소풍을 갔을 때, 내가 우리 할아버지의 리틀 데비(Little Debbie) 케이크 과자를 맨발로 밟았거든요. 그리고 그 안에 든 크림이 내 발가락 사이에서 아주 질퍽거렸어요!"

"멍청이!" 내가 싫어하는 짐 그 녀석이 소리쳤습니다. "이 멍청이 존스야! 네가 케이크 위를 걸어가는 게 아니야! 케이크 걷기는 케이크를 *따내는* 게임이라고! 맞죠, 선생님? 그렇죠?"

선생님은 그를 향해 눈을 가늘게 떴습니다.

"그래, 짐. 하지만 우리는 사람을 멍청이라고 부르지 않아. 사람들을 나쁜 말로 부르는 건 무례한 거야. 거기다가—만약 네가 어떤 말을 하고 싶은 거라면—선생님은 네가 예의 바르게 손을 들어 주면 정말 고맙겠구나."

"나처럼요! 맞죠, 선생님?" 나는 외쳤습니다. "왜냐면 나는 선생님에게 카니발이 사기였다고 말했을 때 내 손을 아주 예의 바르게 들어 올렸거든요! 그거 기억하죠?"

그러자 많은 다른 아이들도 마찬가지로, 자기들이 정말 예의 바르다며 소리쳤습니다.

그리고 그래서 나는 선생님이 내 말을 들을 수 있도록 내 의자 위에 올라서야 했습니다.

"좋아요, 그런데 쟤네들은 나만큼 예의 바를 수 없어요! 그렇죠, 선생님? 왜냐면 제가 그걸 제일 먼저 말했잖아요! 그렇죠? 네?"

그 후 선생님은 자신의 머리를 아주 오랫동안 문질렀습니다.

그리고 또 그녀는 아스피린 몇 알을 먹었습니다.

4장 열심히 연습하기

학교가 끝나고, 나는 버스 정류장에서부터 집까지 내내 달려갔습니다. 그것은 밀러 할머니(Grandma Miller)가 오후에 나를 돌보러 오기 때문입니다. 그리고 나는 그녀에게 카니발의 밤에 관해 모두 말하고 싶었습니다!

"저기요, 밀러 할머니! 나예요! 주니 B. 존스요! 할머니의 손녀요! 내가 할머니한테 들려줄 중요한 소식을 가지고 왔어요! 우리 학교에서 카니발

이 있을 거예요! 그리고 나는 그 카니발에서 100가지의 상품을 탈 수 있어요!"

밀러 할머니는 아기 올리의 방에서 서둘러 나왔습니다. 그녀는 내게 짜증이 난 것 같았습니다.

"쉿! 주니 B.! 그렇게 크게 말하지 말렴! 할머니가 방금 아기를 낮잠 재우려고 눕혔단 말이야!"

내 어깨가 매우 축 처졌습니다.

"알겠어요, 그렇지만 나는 여기 밑에서 신이 난단 말이에요, 헬렌(Helen)." 내가 말했습니다.

그러자 할머니는 싱긋 웃었습니다.

그리고 그녀는 나에게 안녕이라며 안아 주었습니다.

그리고 그녀는 자신을 헬렌이라고 부르지 말라고 했습니다.

"네, 그런데 나는 할머니에게 가장 제일 흥미로운 부분은 아직 말하지도 않았어요!" 내가 말했습니다. "왜냐면 선생님이 내게 카니발에서 할 게임들의 종류를 읽어 주었거든요. 그리고 그래서 이제 나는 집에서 그 게임들을 연습할 수 있어요. 그리고 나는 누구보다 가장 최고의 게임 우승자가 될 거예요!"

나는 빨래집게를 구하기 위해 세탁실로 서둘러 갔습니다.

"사람들은 병 속에 빨래집게를 떨어

뜨리는 게임을 할 거예요!" 나는 할머니에게 소리 질렀습니다. "그런데 나는 완전 넓은 이 세탁실에서 병 하나를 못 찾겠네요. 그래서 나는 그냥 양동이 안에다가 이 빨래집게들을 떨어뜨려 볼 거예요. 왜냐면 내 생각에는, 그렇게 하면 내가 이 게임에 대한 감을 익힐 수 있을 것 같거든요!"

나는 양동이에서 대걸레를 빼냈습니다. 그런 다음 나는 그 안에 곧장 내 빨래집게를 전부 떨어뜨렸습니다.

"저기요, 할머니! 내가 해냈어요! 내가 해냈다고요! 내가 이 커다란 양동이 안에 빨래집게를 빠짐없이 전부 넣었어요. 그리고 나는 그중에 한 개도 빼놓지 않았어요! 내게 이 게임은 식은 죽 먹기예요!"

나는 그녀에게 다시 달려갔습니다. "이제 나는 동전 던지기를 연습할 동전 몇 개가 필요해요." 내가 말했습니다.

그리고 그래서 밀러 할머니는 나에게 그녀가 가진 동전을 모두 주었습니다. 그리고 나는 뛰어 돌아가서 그 녀석들도 똑같이, 양동이 안에 던졌습니다!

그리고 여기 재미있는 것이 또 하나 있습니다! 엄마가 퇴근하고 집에 왔을 때, 그녀는 나에게 진짜 실제 골프채로 골프공을 치는 방법을 보여 주었습니다!

그런데 집 안에서는 골프공 치기 금지입니다. 그래서 나는 그냥 자몽을 쳤습니다. 그리고 또 디너롤(dinner roll)을요.

그리고 그거 아세요? 그날 밤 저녁 시간에 나는 전화번호부 위에 앉는 것에 대해 으르렁거리지도 않았습니다. 왜냐면 모든 것이 내 뜻대로 흘러갔거든요, 그래서 그렇죠!

우리가 다 먹은 후에, 엄마와 아빠는 함께 그릇들을 치웠습니다.

그들은 나에게 전혀 신경 쓰지 않았습니다.

그렇게 나는 욕실에 살금살금 들어가서 또 다른 게임을 연습하게 됐죠.

그것의 이름은 교장 선생님에게 스펀지 던지기(Throwing Sponges at Principal)입니다!

먼저, 나는 세면대 아래에서 스펀지를 꺼냈습니다.

그리고 나서 나는 그 스펀지가 물에 흠뻑 젖도록 했습니다.

"준비..."

"조준..."

"발사!" 내가 말했습니다.

그런 다음 나는 온 힘을 다해 스펀지를 던졌습니다.

그것은 변기의 바로 한가운데에 풍덩 빠졌습니다!

"명중이다! 내가 명중시켰어!" 나는

정말 신이 나서 소리쳤습니다.

하지만 바로 그때, 나는 문을 똑똑하는 소리를 들었습니다.

"주니 B.? 너 그 안에서 뭐 하는 거니? 문 좀 열어 보렴."

오 안 돼!

그것은 엄마였습니다!

내 생각에, 나는 큰일 난 것 같았습니다.

내 심장은 엄청나게 쿵쾅거렸습니다. 왜냐하면 나는 사실 변기에서 놀면 안 되거든요.

그래서 나는 재빠르게 스펀지를 변기에 넣고 물을 내려 버렸습니다.

내게는 참 안타까운 일이었습니다. 왜냐면 그 바보 같은 것이 구멍에 꽉 껴 버렸거든요.

그리고 물은 계속해서 점점 더 높이 차올랐습니다.

그리고 더욱 높이요.

그리고 그런 다음 물은 바로 맨 꼭대기까지 차올라 넘쳤습니다!

엄마는 문을 더 세게 두드렸습니다.

"엄마가 문 열라고 했지!"

나는 침을 꿀꺽 삼켰습니다.

"알겠어요, 하지만 지금 당장 여기는 조금 첨벙거리거든요." 내가 약간 조용히 설명했습니다.

엄마는 열쇠로 문을 열었습니다.

나는 매우 상냥하게 웃었습니다.

"안녕하세요. 오늘 기분이 어때요?" 내가 말했습니다.

엄마가 로버트(Robert)라는 이름을 외쳤습니다!

로버트는 나의 아빠입니다. 그런데 가끔 그의 이름은 밥(Bob)이기도 해요.

그는 욕실 안으로 달려왔습니다.

"그럼, 안녕히 주무세요, 여러분." 내가 말했습니다.

그리고 나서 나는 그곳을 빠져나가려고 했습니다. 하지만 엄마가 나의 셔츠를 붙잡았습니다. 그리고 그래서 내가 아무리 계속 걸으려고 해도, 나는 계속해서 제자리였습니다.

엄마는 내가 엄마와 아빠가 수건으로 물을 닦아 내는 것을 돕게 했습니다.

그 후, 나는 목욕을 해야 했습니다. 하지만 나는 그 이유를 모릅니다. 왜냐면 나는 이미 변기 때문에 젖어 있었거든요.

내가 목욕을 마치고, 엄마는 나를 침대에 눕혔습니다. 나와 엄마는 잠깐 이야기를 나누었습니다.

"있잖아, 주니 B., 아빠와 엄마는 네가 카니발에 대해 들떠 있는 걸 알아." 그녀가 말했습니다. "그리고 우리는 또 네가 게임을 연습하면서 재미있어 한다는 것도 알아. 그런데 너는 이기는 것에 대해 너무 많이 걱정하고 있잖니. 그 누구도 항상 이길 수는 없어."

"그렇지?" 그녀는 말했습니다.

"그래요." 내가 말했습니다.

"그리고 또, 학교 카니발의 재미는 네가 이기고 지는 데 있지 않아." 그녀가 말했습니다. "학교 카니발의 재미는 우선 게임을 하는 것 그 자체에 있지."

"그렇지?" 그녀가 말했습니다.

"그래요." 내가 말했습니다.

"그러니까 우리는 금요일에 카니발의 밤에 갈 거야. 그리고 우리는 즐거운 시간을 보낼 거야. 그리고 우리는 우리가 상품을 하나도 못 탈까 봐 걱정하지 않을 거야."

"그렇지?" 그녀가 말했습니다.

"그래요." 내가 말했습니다.

엄마는 나에게 잘 자라고 뽀뽀했습니다. "아침에 보자." 그녀가 말했습니다.

"그래요." 내가 말했습니다.

그녀가 내 방문을 닫은 후, 나는 그녀의 발소리가 멀리 사라지기를 기다렸습니다. 그런 다음 나는 빠르게 나의 베개 밑에서 내 손전등을 꺼냈습니다.

나는 내 방 곳곳에 손전등을 비추었습니다.

먼저, 나는 내 서랍장에 손전등을 비추었습니다.

그 후 나는 내 장난감 상자에 손전등을 비추었습니다.

그러고 나서 나는 아빠가 내게 만들어 준 새 책장에 손전등을 비추었습니다.

나는 씨익 웃고 또 웃었습니다.

"저기가 내가 그것들을 놓을 장소야." 나는 나에게만 들리도록 중얼거렸습니다.

"저기가 내가 나의 100가지 상품들을 놓을 장소라고."

5장 바보 멍청이 같은 카니발 게임

카니발의 밤은 금요일 저녁 식사 이후였습니다.

아빠는 나와 엄마를 그곳까지 차로 데려다주었습니다. 하지만 아기 올리는 빼고요. 왜냐면 그는 떼쟁이이기 때문입니다. 그래서 그렇죠.

나는 내 안전벨트를 풀고 창밖을 보았습니다.

"저기요!" 나는 말했습니다. "운동장에 있는 모든 불빛들 좀 봐요! 저 밖은 정말 활기찬 카니발인 것 같아요!"

나는 더 열심히 보았습니다.

"그리고 또 이거 알아요? 여기엔 광대들이 있어요! 그런데 그 광대들이 내 근처로 오게 놔두지 말아 주세요, 알았죠? 왜냐면 광대들은 정상이 아니거든요, 내 생각에는요."

"저기요! 루실이라는 이름의 나의 가장 친한 친구가 있어요!" 나는 외쳤습니다.

나는 차에서 서둘러 내렸습니다.

"루실! 야! 루실! 봐! 나야! 나 주니 B. 존스야! 내가 카니발의 밤에 왔어!"

나와 루실은 서로에게 달려갔습니다.

그녀의 얼굴에는 빨간색 하트가 그려져 있었습니다.

"나 좀 봐, 주니 B.! 내가 얼마나 예쁜지 좀 봐!" 그녀가 말했습니다. "나 방금 미술 선생님이신, 홀 선생님이 내 얼굴에 그림을 그려 주셨어!"

그녀는 나를 향해 그녀의 입술을 오므렸습니다.

"그리고 내 입술 보이지? 우리 할머니가 내 얼굴의 하트하고 어울리도록 내 입술에 빨간색 립스틱을 발라 주셨어!"

루실의 입술은 반짝이고 번들거렸습니다. 나는 아랫입술을 만지려 했습니다. 하지만 루실이 말했습니다. "내 립스틱 번지게 하지 마."

바로 그때, 엄마와 아빠가 나를 따라 잡았습니다.

아빠는 카니발 게임을 모두 해 볼 수 있는 표를 사 두었습니다.

"시작할 준비됐니?" 그가 말했습니다.

"그럼요!" 내가 말했습니다. "왜냐면 나는 내 평생 동안 이 신나는 저녁만 기다려 왔거든요!"

나는 내가 가장 좋아하는 게임을 찾을 때까지 달리고 또 달렸습니다. 그것의 이름은 골프공 치기였습니다.

그곳에는 기다란 초록색 카펫이 있었습니다. 그 카펫에는 깃대가 꽂힌 작은 구멍이 뚫려 있었습니다. 그리고 또 골프채를 든 어떤 아저씨도 있었습니다.

나는 그에게 뛰어갔습니다.

"그거 아세요? 나는 이 게임에서 상품을 탈 거예요." 내가 말했습니다. "왜냐면 나는 골프공 치기를 정말 열심히 연습해 왔거든요."

"잘됐구나." 아저씨가 말했습니다.

그런 다음 그는 나에게 골프채를 건네주었습니다. 그리고 그는 아주 작은 흰색 공을 내 앞에 두었습니다.

그것은 내가 지금까지 본 것 중 가장 작은 공이었습니다.

나는 그 공을 아주 오랫동안 바라보았습니다.

그러고 나서 나는 그를 톡톡 쳤습니다.

"저는 주로 그냥 자몽을 쳤는데요." 나는 설명했습니다.

그 아저씨는 얼굴을 찡그렸습니다. "빨리 치렴, 알겠니? 다른 애들이 기다리고 있잖아." 그는 말했습니다.

"좋아요, 그런데 저는 디너롤도 사용할 줄 알아요." 나는 그에게 말했습니다.

"제발!" 그는 짜증을 냈습니다. "그냥 공을 치렴."

그리고 그래서 결국 나는 마음속으로 부담감을 느끼게 된 것입니다. 그리고 나는 골프채를 너무 뒤로 휘둘렀습니다. 그리고 나는 그 조그만 공을 아주 세게 쳤습니다.

그것은 초록색 카펫을 넘어 휑 하고 날아갔습니다.

그 후 그 공은 공중을 날았습니다.

그리고 그것은 통통 뛰고 또 뛰었습니다.

그리고 사람들이 아야라는 말을 외쳤습니다.

나는 재빨리 그 아저씨에게 그의 골프채를 돌려주었습니다. 그러고 나서 나와 엄마와 아빠는 그곳을 정말 잽싸게 빠져나왔습니다.

엄마는 당황스러워 보였습니다.

"우리 주니 B.가 누군가를 진짜로 죽일 수 없는 게임을 해 보는 게 어떨까." 그녀가 말했습니다.

"엄마! 나는 내가 누군가를 진짜로 죽일 수 없는 게임을 알고 있어요!" 내

가 소리쳤습니다. "그리고 그것의 이름은 병 안에 빨래집게 넣기예요!"

나는 내가 그 게임을 찾을 때까지 달리고 또 달렸습니다.

"빨래집게 주세요!" 나는 거기에 있는 아주머니에게 말했습니다.

그녀는 나에게 빨래집게 다섯 개를 주었습니다. 그런 다음 그녀는 나에게 디침을 전부 알려 주었습니다.

"그냥 이 빨래집게들을 허리 높이에서 들고 그걸 떨어뜨리면 돼—한 번에 하나씩—이 우유병 안으로 말이야." 그녀가 말했습니다.

그녀는 빈 우유병을 내 발쪽에 내려놓았습니다. 그 병은 우유를 따르는 윗부분에 작은 구멍이 나 있었습니다.

"병 안에 빨래집게 두 개를 떨어뜨리면 네가 상품을 타는 거란다." 그녀가 말했습니다.

나는 그 작은 구멍을 빤히 쳐다보고 또 보았습니다.

"어째서 저 구멍이 이렇게나 조그맣다고 생각하세요?" 나는 아주머니에게 물었습니다.

"나도 모르지." 그녀가 말했습니다. "그냥 일단 시작하렴."

나는 내 머리를 긁적였습니다.

"좋아요, 하지만 나는 어떻게 소들이 이렇게 작은 구멍 안에 자기 우유를 짜넣을 수 있는지도 모르겠어요." 내가

말했습니다.

그 아주머니는 그녀의 발을 툭툭 굴렸습니다. "다른 아이들이 기다리고 있잖니." 그녀는 나에게 말했습니다.

나는 그녀를 올려다봤습니다.

"아주머니는 양동이를 사용하는 것에 대해서 생각해 본 적 있어요?" 내가 물었습니다.

"그냥 하렴!" 그녀는 짜증을 냈습니다.

그리고 그래서 그때 나는 또다시 마음속으로 부담감을 느끼게 된 것입니다. 그리고 나는 서둘러 나의 빨래집게들을 그 아주 작은 구멍 안에 떨어뜨렸습니다. 그런데 빨래집게들이 빠짐없이 전부 곧장 바닥으로 떨어졌습니다.

내 눈에 눈물이 고였습니다.

"보이죠?" 내가 말했습니다. "내가 이 멍청이 같은 구멍은 너무 작다고 아주머니에게 말했잖아요."

바로 그때 한 광대가 내가 슬퍼하는 것을 보았습니다. 그리고 그는 나에게 커다란 미소로 활짝 웃어 보였습니다.

나는 엄마의 치마 뒤에 숨었습니다. "저 사람이 내 근처에 오지 못하게 해 주세요." 나는 그녀에게 말했습니다.

하지만 그 광대는 바로 이쪽으로 달려왔습니다. 그리고 그는 자기의 하얀 얼굴을 나에게 가까이 내밀었습니다.

그의 이는 크고 누런빛이었습니다.

"저리 가, 이 광대야!" 나는 소리쳤습니다.

그러자 아빠는 그의 눈을 질끈 감았습니다. 그리고 엄마는 오 이런이라는 말을 했습니다.

그 후, 나와 엄마는 잠깐 이야기를 나누었습니다. 그것은—저리 가, 이 광대야 하고 비명 지르기 금지라고 불립니다. 그런데 나는 그런 규칙을 이전에 한 번도 들어본 적이 없습니다.

내 코가 훌쩍였습니다.

"카니발의 밤은 재미있지 않아요." 나는 아주 슬프게 말했습니다.

그리고 그래서 결국 아빠는 나에게 아이스크림콘을 사 주게 되었습니다. 그리고 엄마는 나에게 빨간색 풍선을 사 주었습니다.

하지만 나에게는 안타까운 일이었습니다. 왜냐면 그녀가 나에게 풍선 줄을 건네주었을 때, 나의 아이스크림이 땅바닥으로 떨어졌기 때문입니다. 그리고 내 풍선 줄이 바로 내 손가락에서 빠져 나갔습니다.

나는 내 고개를 뒤로 젖히고 나의 풍선이 하늘 위로 떠오르는 것을 보았습니다.

그러자 내 눈에는 더 많은 눈물이 고였습니다.

그리고 나는 이런이라는 말을 했습니다.

6장 명중

카니발의 밤은 내 인생 가장 최악의 밤이었습니다.

그것은 내가 모든 게임에서 빠짐없이 계속 졌기 때문입니다.

나는 동전 던지기에서 졌습니다.

그리고 나는 고리 던지기에서도 졌습니다.

그리고 또 나는 바보 같은 낚시하기 부스에서도 졌습니다. 여러분이 해야 할 일은 그저 탁자 위로 낚싯대를 늘어뜨리는 것뿐인데 말이죠. 그리고 누군가가 여러분의 낚싯대에 장난감을 매달아 줍니다. 그런데 나는 내 낚싯대에 바보 멍청이 같은 빗이 걸렸고 그게 다예요.

"저기요! 이런 바보 멍청이 같은 상품이 어딨어요?" 내가 말했습니다. "바보 멍청이 같은 빗은 심지어 장난감도 아니잖아요! 왜냐면 나는 이 바보 멍청이 같은 걸 갖고 놀 수도 없다고요!"

아빠는 나를 벤치 위에 앉혔습니다.

나와 아빠는 또 한 번 이야기를 나누었습니다. 그것은─바보랑 멍청이라는 말 그만하기라고 불립니다. 그리고 또 나는 내 빗을 고맙게 생각해야 했죠.

바로 그때, 나는 어떤 목소리가 나를 향해 소리치는 것을 들었습니다.

"주니 B. 존스! 야! 주니 B. 존스! 나는 사방을 돌아다니면서 너를 찾아다니고 있었어!"

나는 뒤돌았습니다.

그것은 나의 다른 가장 친한 친구인, 그 그레이스였어요. 그녀는 두 손 안에 많은 것들을 들고 있었습니다.

"여기 봐, 주니 B.! 내 모든 상품들 좀 봐! 나는 반짝거리는 플라스틱 자동차, 그리고 예쁜 머리핀 몇 개, 그리고 맛있는 빨간색 막대 사탕 하나, 그리고 고무로 된 벌레 두 개, 그리고 핫도그처럼 생긴 지우개 하나를 탔어! 이것들 보이지? 내 멋진 상품들 다 보이지?"

"응? 그래서?" 나는 말했습니다.

그 그레이스가 나를 향해 찡그렸습니다. "어째서 너는 응 그래서라고 말하는 거야? 어째서 너는 나한테 투덜거리는 거니, 주니 B.? 그리고 왜 넌 이 벤치에 그냥 앉아만 있는 건데?"

나는 화난 숨을 뱉었습니다. "나는 내 빗에 고마워하고 있거든, 그래서 그래. 아무것도 모르겠니, 그레이스?"

바로 그때, 아빠는 나를 그 그레이스에게서 멀리 떨어지게 했습니다. 그리고 그는 똑바로 행동하는 게 좋을 거야, 꼬마 아가씨, 안 그랬다간 우리가 지금 당장 집으로 갈 거니까 하고 말했습니다.

엄마는 아빠에게 그의 혈압을 가라앉히라고 말했습니다.

"우리에겐 세 장의 표가 남아 있어." 그녀가 말했습니다. "우리 모두 심호흡 좀 하고 처음부터 다시 시작해 보자. 어떻게 생각하니, 주니 B.? 너 스펀지 던지기 한번 해 볼래? 재미있을 것 같은데, 그렇지 않니?"

그런 다음 엄마는 나의 손을 잡았습니다. 그리고 나와 그녀는 스펀지 던지기를 하는 곳을 찾으러 갔습니다. 그리고 아빠는 계속해서 심호흡을 했습니다.

스펀지 던지기는 운동장의 한가운데에 있었습니다.

교장 선생님이 거기에 있었습니다.

그는 앞면에 커다란 광대 옷이 그려진 판 뒤에 서 있었습니다. 그런데 얼굴 대신에, 그 판에는 동그란 구멍이 뚫려 있었습니다. 그리고 교장 선생님의 머리가 구멍 밖으로 빠져나와 있었습니다.

그의 얼굴과 머리카락에서 물이 뚝뚝 떨어졌습니다. 그것은 아이들이 계속해서 스펀지로 그를 맞추었기 때문입니다.

그것은 내가 지금까지 본 것 중 가장 재미있는 게임처럼 보였습니다!

나는 서둘러 가서 줄을 섰습니다.

하지만 바로 그때 매우 끔찍한 일이 일어났습니다. 그리고 그것은 이름하여, 내가 싫어하는 짐 그 녀석이 바로 내 뒤에 줄을 섰다는 것입니다.

"왁!" 그가 말했습니다.

"너는 날 놀라게 하지 못했어, 짐." 나는 말했습니다.

"아니, 내가 놀라게 했어."

"아니, 너는 놀라게 하지 못했어."

"아니, 내가 놀라게 했다니까. 그리고 아무튼, 너는 이 줄에 있어서도 안 돼. 왜냐면 여자애들은 남자애들만큼 스펀지를 잘 던지지 못하니까." 그가 말했습니다.

"할 수 있어, 여자애들도 할 수 있어!" 나는 말했습니다. "왜냐면 나는 이 게임을 집에서 연습까지 했거든. 그리고 나는 바로 우리 집 변기에 명중시켰지. 그러니 그만해!"

못된 짐 그 녀석은 정말 큰 소리로 웃었습니다.

"우웩! 주니 B. 존스는 변기에서 논대요!" 그가 소리쳤습니다.

그리고 그래서 다른 아이들 모두가 웃기 시작했습니다, 마찬가지로 말이죠.

바로 그때, 스펀지 아주머니가 나를 톡톡 쳤습니다. 그녀는 나에게 흠뻑 젖은 스펀지 두 개를 건네주었습니다.

"네 차례란다, 얘야." 그녀가 말했습니다.

하지만 나는 그냥 계속해서 거기에 서 있고 또 서 있었습니다. 왜냐면 저

못된 아이들 모두가 웃는 것을 멈추지 않을 것이었기 때문입니다.

"이거 알아요? 나는 지금 내가 이것들을 던질 수 있을지도 잘 모르겠어요. 왜냐면 저 모든 웃음소리가 내 자존감(self-steam)을 무너뜨리고 있거든요." 내가 말했습니다.

"미안하지만, 얘야. 스펀지를 던지든지 줄에서 나오든지 하렴." 아주머니가 나에게 말했습니다.

그리고 그래서 마침내 나는 크게 숨을 들이쉬었습니다. 그리고 나는 내 스펀지를 교장 선생님의 벗겨진 머리에 조준시켰습니다. 그리고 나는 내 모든 근육을 사용해서 던졌습니다.

"선생님을 못 맞췄네에에! 네가 교장 선생님을 못 맞췄다고오오! 하-하하-하-하아아아-하아아아." 내가 싫어하는 짐 그 녀석은 노래를 불렀습니다.

그래서 나는 화가 끓어오르게 되었습니다.

그리고 나는 빠르게 뒤돌았습니다.

그리고 나는 나머지 스펀지 하나를 바로 그 못된 녀석의 얼굴에 던졌습니다.

그것은 그의 입술에 정통으로 맞았습니다!

"명중!" 나는 아주 행복하게 외쳤습니다.

그런 다음 나는 내가 할 수 있는 한 가장 빠른 속도로 그 장소에서 뛰쳐나왔습니다. 왜냐면 나는 엄청난 곤경에 처했으니까요, 그래서 그렇죠.

"주니 B. 존스!" 엄마가 소리쳤습니다.

"주니 B. 존스!" 아빠가 소리쳤습니다.

나는 커다란 문 워크 텐트가 보일 때까지 달리고 또 달렸습니다.

그러고 나서 나는 그 안으로 재빨리 들어갔습니다. 그리고 나는 내 신발을 문밖으로 던졌습니다. 왜냐면 그 안에서는 신발을 신으면 안 되거든요.

문 워크 텐트는 커다랗고 부풀어 오른 집 같습니다. 여러분은 그 텐트 안에서 사방팔방으로 뛸 수 있습니다.

나는 내 머리에 땀이 날 때까지 뛰고 또 뛰었습니다.

"이건 내가 지금까지 본 것 중 가장 재미있는 점프야!" 내가 아주 통통 뛰면서 말했습니다.

하지만 바로 그때 그 텐트 아주머니가 그녀의 호루라기를 불었습니다.

"시간 다 됐다!" 그녀가 외쳤습니다.

나는 문밖을 살짝 보았습니다.

엄마와 아빠가 나를 기다리고 있었습니다.

그들은 웃고 있지 않았습니다.

"내 생각에 난 이 안에 계속 있어야겠어요." 내가 말했습니다.

하지만 바로 그때, 아빠가 왔습니다.

그리고 그는 나를 들어서 곧장 문밖으로 꺼냈습니다.

나는 매우 상냥하게 웃었습니다.

"안녕하세요. 오늘 기분이 어때요?" 내가 말했습니다.

하지만 아빠는 안녕이라고 인사해 주지 않았습니다. 그는 그냥 나를 못된 짐 그 녀석에게로 곧장 다시 데리고 갔습니다.

그 후 그는 내가 그 녀석에게 사가('pology)를 하게 했습니다. 그리고 또 그 녀석의 엄마에게도요.

"내가 아주머니의 못된 아들의 얼굴에 스펀지를 던져서 미안해요." 나는 말했습니다.

아빠는 자기 눈을 머리 뒤쪽으로 저 멀리 굴렸습니다. 그는 나를 다시 문 워크 텐트로 데려갔습니다.

"네 신발 챙기렴." 그가 말했습니다. "우리는 집으로 갈 거야."

"네, 그런데 나는 이제 막 재미있어지기 시작한걸요." 내가 말했습니다. "게다가 나는 아직 케이크 걷기도 못 했어요. 그리고 그 게임은 바로 우리 9반에서 한단 말이에요."

"아빠가 너한테 네 신발 챙기라고 말했지." 아빠는 몹시 짜증을 내며 말했습니다.

그리고 그래서 나는 신발 더미로 갔습니다. 그런데 나는 신발을 한 짝만 찾을 수 있었습니다. 그리고 다른 한 짝은 찾을 수 없었습니다.

나는 텐트 아주머니를 톡톡 쳤습니다.

"아주머니가 내 다른 쪽 신발 한 짝을 찾는 걸 도와줄 수 있어요? 내 신발이 어떻게 생겼는지 보이죠? 얘네들은 버클로 잠그는 끈이 달린 반짝거리는 검은색 신발이에요. 얘네들의 이름은 팻과 레더(pat-and-leather)예요."

그런 다음 나와 그녀와 엄마와 아빠는 내 신발의 다른 한 짝을 찾아다녔습니다. 하지만 우리는 그것을 어디에서도 찾을 수 없었습니다.

"이런." 내가 말했습니다. "이제 내 발은 엉망이에요."

나는 아주 조금 울기 시작했습니다.

그러자 아빠는 내 머리를 쓰다듬었습니다. 그리고 그는 걱정 마라는 말을 했습니다.

"너와 엄마는 케이크 걷기에 가 보렴." 그가 말했습니다. "내가 여기 남아서 네 다른 쪽 신발 한 짝을 찾아볼게."

그리고 그래서 그때 엄마는 내 손을 잡았습니다.

그리고 나와 엄마는 9반으로 걸어갔습니다.

팻이랑만요.

그리고 레더는 없이 말이에요.

7장 우승!!!

9반은 아주 재미있어 보였습니다. 음악이 그곳에서 흐르고 있었습니다. 그리고 아이들은 원을 이루어 행진하고 있었습니다.

그들은 위에 번호가 쓰인 종이로 된 커다란 네모들을 밟고 있었습니다.

"저게 케이크 걷기란다." 엄마가 설명했습니다. "너는 아주머니가 음악을 멈출 때까지 원을 이루어 걸어 다니는 거야. 그러면 아주머니가 모자에서 번호를 하나 뽑는단다. 그리고 네가 만약 같은 번호의 네모 위에 서 있으면, 네가 케이크를 타는 거야."

엄마는 케이크가 올라와 있는 탁자를 가리켰습니다.

"네가 골라야 할 이 맛있는 케이크들이 모두 보이지?" 그녀가 말했습니다.

나는 그 맛있는 케이크들을 전부 보았습니다.

그러자 내 입에 침이 잔뜩 고였습니다. 그리고 나는 나 자신에게 살짝 침을 흘렸습니다.

갑자기, 음악이 멈추었습니다. 그리고 마찬가지로, 모든 아이들도 멈춰 섰습니다.

케이크 아주머니가 모자 속으로 손을 뻗었습니다. 그녀는 번호 하나를 뽑았습니다.

"5번!" 그녀가 아주 크게 말했습니다.

"저기요! 저예요! 제가 5번 위에 서 있어요!" 빨간 머리의 남자아이가 소리쳤습니다.

그 후 그는 케이크 탁자로 곧장 달려가 그의 상품으로 초콜릿 케이크를 골랐습니다.

"맛있겠다!" 내가 말했습니다. "이건 내가 지금까지 본 것 중 가장 맛있는 게임인 것 같아요!"

나는 케이크 아주머니에게 나의 표를 주었습니다.

"그거 알아요?" 내가 말했습니다. "이번이 내가 상품을 탈 수 있는 마지막 기회예요. 내가 빗을 타기는 했지만요. 그리고 또 나는 내가 싫어하는 어떤 애한테 스펀지도 던지게 되었어요. 또 나는 내 머리에 땀이 날 때까지 뛰었어요. 그런데 그때 나는 레더라는 이름의 내 신발 한 짝을 찾지 못했어요. 그리고 그래서 결국 나는 한쪽 발에 양말만 신게 된 거예요."

아주머니는 나를 향해 이상한 표정을 지었습니다. "그래, 음, 어, 행운을 빈다." 그녀가 말했습니다.

"아주머니도요, 행운을 빌어요." 나는 대답했습니다.

그러고 나서 나는 위에 번호가 쓰인 네모들로 아주 빠르게 깡충깡충 뛰어 갔습니다.

"좋아요! 나는 언제라도 준비되어 있어요!" 내가 외쳤습니다.

하지만 그 케이크 아주머니는 다른 아이들이 오는 것을 계속해서 기다리고 또 기다렸습니다.

그것은 시간이 아주 오래 걸렸습니다. 그래서 나는 안절부절못했던 것입니다.

나는 씩씩거리며 숨을 내쉬었습니다.

그 후 나는 팔짱을 꼈습니다.

그리고 나는 내 발을 아주 빠르게 툭툭 굴렀습니다.

"저기요, 나 여기서 늙어 죽겠어요!" 내가 소리쳤습니다.

마침내, 케이크 아주머니가 손뼉을 쳤습니다.

"여러분. 이제 내가 음악을 틀 거예요. 그리고 나는 여러분이 질서 정연하게 원을 이루어 행진하면 좋겠어요. 하지만 기억하세요, 음악이 멈추자마자, 여러분도 멈춰야 해요."

그 후, 그녀는 아주 크게 음악을 틀었습니다.

나는 내가 할 수 있는 가장 최고의 행진을 했습니다. 내 두 발은 매우 깡충 거렸습니다. 그리고 내 무릎은 공중으로 아주 높이 올라갔습니다.

그때 갑자기—꼭 조금 전처럼—음악이 멈추었습니다. 그리고 마찬가지로,

모든 아이들도 멈추었습니다.

케이크 아주머니가 그녀의 모자 안으로 손을 뻗었습니다.

"3번!" 그녀가 소리쳤습니다.

나는 나의 네모를 내려다보았습니다.

"저기요! 나예요! 나라고요! 봐요! 내가 3번 위에 서 있잖아요! 그리고 그래서 내가 우승자예요, 내 생각에는요!"

엄마가 손뼉을 쳤습니다.

"네가 맞아. 네가 우승자가 맞아!" 그녀가 외쳤습니다.

그녀는 안도하는 얼굴이었습니다.

"가서 케이크를 고르렴! 네가 원하는 케이크 아무거나!" 그녀가 말했습니다.

나는 케이크 탁자로 쌩 달려가서 그 맛있는 맛들을 모두 바라보았습니다.

초콜릿 맛이 있었습니다. 그리고 오렌지 맛도요. 그리고 레몬 맛도 있었죠. 그리고 생크림 맛도요. 그리고 코코넛 맛도 말이죠. 그리고 컵케이크도 있었어요. 그리고 도넛도요. 그리고 브라우니도요.

또, 반짝이는 알루미늄 포일에 싸인 비밀스러운 케이크도 있었어요!

"이 케이크는 어떤 종류죠?" 내가 물었습니다.

케이크 아주머니는 그녀의 코를 찡그렸습니다. "오, 내 생각엔 네가 그걸

원할 것 같지 않구나. 그건 과일케이크(fruitcake)란다." 그녀가 말했습니다.

나는 정말 활짝 웃었습니다.

"이야!" 나는 외쳤습니다. "맛있는 과일케이크 좋아요! 왜냐면 과일은 내가 정말 좋아하는 가장 최고의 것이니까요. 그리고 그래서 내가 고를 케이크는 바로 그거예요!"

엄마는 자신의 고개를 가로저었습니다. "아니야, 주니 B. 그건 네가 생각하는 그런 종류의 과일이 아니야. 너는 그 케이크를 좋아하지 않을 거야."

나는 웃는 것을 멈추었습니다.

"네, 그런데 그건 엄마가 정정당당하지 않은 거예요. 왜냐면 엄마는 내가 원하는 케이크를 아무거나 고를 수 있다고 했잖아요. 그리고 지금 나는 과일케이크를 골랐어요. 그리고 엄마는 내가 그걸 가질 수 없다고 말하고 있고요."

엄마는 천장 쪽으로 그녀의 눈을 굴렸습니다.

"좋아. 과일케이크를 가져가자." 그녀는 언짢은 듯 말했습니다.

그녀는 나를 위해 탁자에서 그 케이크를 내려 주었습니다.

"안 돼요! 내가요! 내가요! 내가 그걸 들고 싶어요!" 나는 소리 질렀습니다.

"이건 아주 무거워." 엄마가 말했습니다.

"알아요, 그렇지만 그래서 내 팔에 울끈불끈한 근육이 있는 거란 말이에요." 나는 설명했습니다.

나는 내 팔을 구부려 그녀에게 보여 주었습니다. "보여요? 내 근육이 울퉁불퉁한 거 보이죠? 내가 이 정도로 힘이 세다고요."

결국, 엄마는 내 품 안에 케이크를 안겨 주었습니다.

그것은 바닥으로 떨어졌습니다.

"우와!" 내가 말했습니다. "이건 내가 지금까지 느낀 것 중에서 가장 힘이 센 과일이에요!"

"이제 엄마가 그걸 들어 주길 원하니?" 엄마가 물었습니다.

"아니요." 내가 말했습니다. "왜냐면 내 머릿속에 방금 엄청난 아이디어가 떠올랐거든요!"

그러고 나서 나는 나의 무거운 과일케이크를 바닥에 내려놓았습니다.

그리고 나는 그것을 곧장 9반 밖으로 끌고 나갔습니다.

8장 내가 정말 좋아하는 가장 제일 쓸모 있는 케이크

나는 복도를 따라 나의 과일케이크를 끌고 갔습니다. 엄마는 내 뒤를 따라왔습니다. 그녀의 볼은 안쪽으로 쏙 들어가 있었습니다.

"이거 끌어 볼래요? 내 과일이 든 케이크 끌어 볼래요?" 나는 그녀에게 물었습니다.

엄마는 사양할게라는 말을 했습니다.

그래서 내가 문 워크 텐트까지 내 과일케이크를 끌고 갔던 것입니다. 혼자서 말이죠.

그리고 이거 아세요?

아빠가 내 다른 쪽 신발 한 짝을 들고 기다리고 있었습니다! 그것은 커다란 텐트 아래에 끼어 있었습니다. 그리고 우리는 그것이 거기 있던 것을 보지도 못했어요!

나는 신발을 신었습니다. "만세!" 내가 말했습니다. "이제 모든 게 행복한 결말이에요. 왜냐면 내게 팻과 레더라는 이름의 신발이 있잖아요. 그리고 또 나는 과일로 만든 맛있는 케이크도 있어요! 이거 보이죠, 아빠? 내가 탄 케이크 좀 봐요!"

아빠는 반짝거리는 알루미늄 포일에 싸인 나의 케이크를 바라보았습니다.

그 후 그는 엄마를 보았습니다.

그는 고개를 아주 천천히 저었습니다. "안 돼." 그가 말했습니다. "설마."

엄마는 두 발로 선 채로 몸을 앞뒤로 흔들었습니다.

"맞아요." 그녀가 말했습니다.

아빠가 그의 눈을 질끈 감았습니다. "그러니까 당신 말은 주니 B.가 집은 것이. . ."

"과일케이크라는 거죠." 엄마가 말했습니다.

나는 또다시 공중으로 아주 높이 뛰었습니다. "맞아요! 맞아요! 과일케이크예요! 내가 과일케이크를 집었어요! 그리고 이제 나는 그게 어떻게 생겼는지 보고 싶어요. 그런데 나는 이 커다란 녀석을 땅에서 들어 올릴 수조차 없네요."

아빠가 케이크를 들어서 탁자 위에 놓았습니다.

나는 알루미늄 포일을 벗겨냈습니다.

그런 다음 나는 그것을 보고 또 보기만 했습니다.

그것은 갈색을 띠고 번들거렸습니다. 그리고 위쪽은 미끈거리는 광이 났습니다.

"이거 썩었어요." 나는 아주 조용히 말했습니다.

엄마가 조금 웃어 보였습니다. "이건 썩은 것이 아니란다, 주니 B." 그녀가 말했습니다. "과일케이크는 원래 그렇게 생겼어."

나는 그것을 더 가까이 들여다봤습니다. "좋아요, 하지만 나는 심지어 이 끈적거리는 것에서 어떤 과일도 찾아

볼 수 없는걸요."

아빠는 내가 볼 수 있도록 작은 조각 하나를 손가락으로 집었습니다. 그는 나에게 무언가 딱딱한 초록색 물체를 보여 주었습니다. 그리고 딱딱한 노란 것이요. 그리고 딱딱한 빨간 것이요. 그는 그것들이 과일이라고 말했습니다.

나는 초록색 물체에 나의 혀를 갖다 댔습니다.

"윽!" 나는 말했습니다. "웩!"

바로 그때 나는 어떤 목소리를 들었습니다.

"주니 B.! 주니 B.! 내가 케이크 걷기에서 탄 것 좀 봐!"

나는 뒤로 돌았습니다.

그것은 나의 가장 친한 친구인, 루실이었습니다. 그녀는 푹신해 보이는 하얀색 컵케이크 한 상자를 가지고 나에게 달려오고 있었습니다. 그것들은 위에 아름다운 레인보우 스프링클(rainbow sprinkles)이 뿌려져 있었습니다.

"이거 보여, 주니 B.? 이 컵케이크들이 얼마나 맛있게 생겼는지 보이지?" 루실이 말했습니다.

"웅? 그래서?" 내가 말했습니다.

루실은 내 케이크가 있는 탁자를 보았습니다.

"저게 뭐야?" 그녀가 물었습니다. "너도 케이크를 탄 거야, 나처럼? 내가 그

케이크를 봐도 될까?"

나는 그 앞에서 펄쩍 뛰었습니다.

"안 돼. 너는 볼 수 없어." 내가 말했습니다.

하지만 루실은 까치발로 섰습니다. 그리고 그녀는 내 어깨 주변으로 살짝 엿보았습니다.

그녀는 토할 것 같은 표정을 지었습니다. "웩." 그녀가 말했습니다. "이거 어떻게 된 거야?"

"아무 일도 없었어, 바로 그거야." 내가 대답했습니다.

나는 재빨리 케이크 위에 알루미늄 포일을 다시 씌웠습니다.

그러고 나서 나는 탁자용 긴 의자 위에 올라갔습니다. 그리고 나는 내 근육들을 울퉁불퉁하게 만들었습니다. 그리고 나는 나의 과일케이크를 공중으로 아주 높이 들어 올렸습니다.

"내가 만약 이걸 네 머리 위로 떨어뜨린다면 이게 너를 죽일 수도 있어, 루실." 나는 굉장히 안간힘을 쓰며 말했습니다.

루실은 그녀의 할머니에게로 아주 재빠르게 뛰어갔습니다.

그 후, 나는 의자에서 내려왔습니다. 그리고 나는 내 과일이 든 케이크를 우리 차까지 쭉 끌고 갔습니다.

아빠는 나를 위해 문을 열어 주었습니다.

"타렴. 그러면 아빠가 네 무릎 위에 너의 과일케이크를 놔 줄게." 아빠가 나에게 말했습니다.

"좋아요, 하지만 그게 내 다리를 납작이로 짓눌러 버릴걸요." 내가 말했습니다.

그리고 그래서 아빠는 나의 과일케이크를 내 옆자리에 두었습니다.

나는 케이크 위로 올라가서 내 안전벨트를 채웠습니다.

"보세요. 내가 이 위에 앉으면 나는 창밖을 볼 수가 있어요. 그리고 이건 심지어 으깨지지도 않아요." 내가 말했습니다.

아빠는 운율을 맞췄습니다. "과일케이크. 당신이 먹을(eat) 수 있는 자리(seat)랍니다." 그가 말했습니다.

"맞아요, 그런데 나는 이 구역질 나고 기분 나쁜 걸 다시는 먹고 싶지 않은걸요." 나는 그에게 말했습니다.

엄마가 웃었습니다. "하지만 그게 과일케이크의 훌륭한 점이란다, 주니 B." 엄마가 말했습니다. "네가 실제로 그걸 먹어야 하는 건 아니야. 왜냐하면 그 케이크는 절대로 상하지 않거든."

"과일케이크는 몇 년 동안이나 상하지 않는 것으로 알려져 왔지." 아빠가 말했습니다. "그리고 네가 만약 그 케이크에 싫증난다면, 너는 그냥 거기에 리본을 달면 돼. 그리고 너는 그걸 네가

싫어하는 누군가에게 크리스마스 선물로 주면 된단다."

그리고 나서 아빠와 엄마는 웃고 또 웃었습니다. 나는 그 농담을 알아듣지도 못했지만요.

얼마 지나지 않아, 아빠는 우리 집 진입로로 차를 몰았습니다.

나는 나의 과일케이크를 집 안으로 들고 갔습니다.

하지만 바로 그때, 케이크가 내 품에서 빠져나가려고 했습니다. 그리고 그래서 나는 잽싸게 그것을 나의 부엌 의자에 툭 하고 떨어뜨렸습니다.

나는 다시 케이크 위로 올라갔습니다.

"저기요! 내가 얼마나 키가 큰지 보세요! 내가 식탁까지 완전히 올라왔어요! 그리고 이 과일케이크는 내 엉덩이를 아프게 하지도 않아요!"

나는 정말 행복하게 웃었습니다.

"이건 내가 지금까지 들어 본 것 중 가장 제일 쓸모 있는 케이크예요!" 내가 말했습니다.

그 후, 아빠는 나를 위해 나의 과일케이크를 내 방으로 옮겨 주었습니다.

그는 그것을 내 책장 위에 올려 두었습니다.

그리고 나서 아빠와 엄마는 나를 침대에 눕혔습니다.

나는 그들의 발소리가 멀리 사라지

기를 기다렸습니다.

그 후 나는 내 베개 밑에서 나의 손전등을 꺼냈습니다. 그리고 나는 그 손전등을 나의 과일케이크에 비췄습니다.

알루미늄 포일이 어둠 속에서 밝게 빛났습니다. 그것은 내가 지금까지 본 것 중 가장 아름다운 광경이었습니다.

나는 조금 더 웃었습니다.

왜냐면 나는 이 특별한 것을 탄 행운아이기 때문입니다.

그리고 또, 나는 내 빗도 고맙게 여기고 있어요.

Answer Key

Chapter 1

1. B "GRAMPA! IT'S MY GRAMPA FRANK MILLER!" I shouted. I jumped out of bed and ran to meet him. Only too bad for Grampa. 'Cause he didn't see me coming around the corner. And I accidentally butted him in the stomach with my head. Grampa Miller yelled the word of OOOMF! Then he bended way over in half. And me and Mother and Daddy had to help him walk to the couch. Daddy did a frown at me. "How many times have we told you not to run in the house?" he said.

2. D After that, Mother made me sit on her lap. And she told Grampa Frank Miller the baby-sitter 'structions on me. Baby-sitter 'structions is all the stuff I'm not allowed to do. Like no climbing on top of the 'frigerator. And no putting lipstick on my dog named Tickle. And no making Ollie lick a potato. Except for he didn't actually mind it that much.

3. C "Hey, Grandpa! You just gave me a very great idea! 'Cause I think I'll eat my breakfast, too. Only I can fix mine all by myself!" I hurried up and got out the 'greedients. 'Greedients is the stuff you mix together. Like the bowl. And the spoon. And the cereal. And the milk. Except for the milk carton was very too heavy for me. And so I just got the orange juice, instead.

4. A I folded my hands very polite. "I would like some bananas and some peaches and some strawberries, please!" And so Grampa sliced all those fruits into a bowl. And he let me eat them in the living room. In front of TV!

5. D Me and him played lots more games, too. Their names are Who Can Skip the Fastest. And Who Can Hop on One Foot the Longest. And also the game of Tic-Tac-Toad. And guess what? I winned all of those games, too!

Chapter 2

1. A Just then she got out a pencil and paper from her backpack. She drew a Tic-Tac-Toad. "Now we'll see who the bestest winner really is," she said.

2. D "TIC-TAC-TOAD! THREE IN A ROAD!" I yelled very fast. "SEE, GRACE? SEE? I TOLD YA I'M THE BESTEST WINNER!" That Grace looked at the

paper. "But your X's aren't in a row, Junie B.," she said. I did a huffy breath at her. "I know they are not in a row, Grace. That is why I made a curvy line to connect them." That Grace jumped up. "Cheater! Cheater! That's cheating!" she shouted. "The X's have to be in a straight row."

3. C "I won! I won!" she yelled. "I beat you at skipping! I told you I was a good game winner!" I stamped my foot at her. "No, you are not a good game winner, Grace," I said. "'Cause your feet are way gianter than mine. And also you have pink high tops. So this race was not fair and square."

4. B We hopped and hopped and hopped. Only it wasn't as fun as hopping with Grampa Miller. On account of Lucille didn't get tired and fall over. "Look, Junie B.!" she said very squealy. "Look how bouncy I am! This is fun! Isn't it?" I wiped my sweating head. "Yeah, only it would be funner if you fell over now, Lucille. 'Cause I just had a skipping contest with that Grace. And I'm a little pooped here."

5. A Mrs. is the name of my teacher. She has another name, too. But I just like Mrs. and that's all. She smiled at me. "Why so glum today, Junie B.?" she asked. "'Cause people keep on beating me at all my games, that's why. And so now I'm not the bestest winner anymore," I said.

Chapter 3

1. D I raised my hand. "Carnivals are rip-offs," I said. "'Cause one time my daddy kept on trying to knock over three bottles with a ball. But even when he hit them, they wouldn't fall down. So then he and Mother had to call the cops. And also Eyewitness News at Six and Ten."

2. B Mrs. laughed out loud. "Yeah, only that is not a laughing matter," I told her. She stopped smiling. "No. Of course it isn't," she said. "But I promise that nothing like that will happen at our school's Carnival Night, Junie B. All the games are going to be run by the parents and teachers. And there will be hundreds of prizes to win."

3. A "Well, let's see," she said. "It says there will be a Fishing Booth, a

Penny Toss, a Moon Walk Tent, a Putting Green, Clothespins in the Bottle, a Basketball Shoot, a Ring Toss, and a booth where you can throw wet sponges at our principal's face."

4. C Mrs. kept on reading. "It also says that Mrs. Hall, the art teacher, will be painting faces in the art room. And in our very own Room Nine, there is going to be a Cake Walk." I jumped right out of my chair. "Hey! Guess what? Walking on cake is the funnest thing I love! 'Cause one time at a picnic, I stepped on my grampa's Little Debbie snack cake with bare feet. And the creamy filling was very squishing between my toes!" "GOONIE!" shouted out that Jim I hate. "YOU GOONIE BIRD JONES! YOU DON'T WALK ON CAKE! A CAKE WALK IS A GAME WHERE YOU WIN A CAKE! RIGHT, TEACHER? RIGHT?"

5. B Mrs. made squinting eyes at him. "Yes, Jim. But we do not call people goonie birds. Calling people names is rude. Plus—if you want to make a comment—I would appreciate it if you would politely raise your hand." "LIKE ME! RIGHT, MRS.?" I hollered out "'CAUSE I RAISED MY HAND VERY POLITE WHEN I TOLD YOU THAT CARNIVALS WERE RIP-OFFS! REMEMBER THAT?" Then a lot of other kids shouted that they were very polite, too.

Chapter 4

1. B "Yeah, only I didn't even tell you the bestest part yet!" I said. "'Cause Mrs. read me the kind of games they're going to play. And so now I can practice them at home. And I will be the bestest game winner of anyone!"

2. A "They're gonna have a game where you drop clothespins in a bottle!" I hollered to Grandma. "Except for I can't find a bottle in this whole big laundry room. So I'm just gonna drop these clothespins in a bucket. 'Cause that will give me the feel of it, I think!" I got the bucket away from the mop. Then I dropped all of my clothespins right in that thing.

3. D My heart got very pumping. On account of I'm not actually allowed to play in the toilet. So I quick flushed the sponge down the pot. Only too bad

for me. 'Cause that dumb thing got stucked in the hole. And the water kept on getting higher. And higher. And then it runned right over the top!

4. A   "And besides, the fun of a school carnival isn't whether you win or lose," she said. "The fun of a school carnival is just playing the games in the first place. "Right?" she said. "Right," I said. "So we'll go to Carnival Night on Friday. And we'll have a great time. And we won't worry if we don't win any prizes at all. "Right?" she said.

5. C   After she closed my door, I waited for her feet to walk away. Then I quick took out my flashlight from under my pillow. I shined it all around my room. First, I shined it on my dresser. Then I shined it on my toy box. Then I shined it on the brand-new bookshelf Daddy made me. I smiled and smiled. "That's where I'm going to put them," I whispered to just myself. "That is where I'm going to put my hundred prizes."

Chapter 5

1. A   Then he gave me a golf club. And he put a teeny white ball in front of me. It was the teeniest ball I ever saw. I looked at it for a real long time. Then I tapped on him. "I mostly just putt grapefruit," I explained.

2. C   The man did a frown. "Hurry up, okay? There are other children waiting," he said. "Yeah, only I can also use a dinner roll," I told him. "Please!" he grouched. "Just hit the ball." And so that's how come I felt pressure inside me. And I swinged the golf club way far back. And I hit the teeny ball very hard.

3. D   She put an empty milk bottle down at my feet. It had a little hole at the top where the milk pours out. "Drop two clothespins in the bottle and you win a prize," she said. I stared and stared at the little hole. "How come that hole is so little do you think?" I asked the lady.

4. D   Just then a clown saw me being sad. And he grinned a giant smile at me. I hided behind Mother's skirt. "Don't let him get near of me," I told her. Only the clown runned right over. And he peeked his white face close to me. His teeth were big and yellowish. "BACK OFF, CLOWN!" I shouted.

5. B "Carnival Night isn't being fun," I said very sad. And so that's how come Daddy bought me an ice cream cone. And Mother bought me a red balloon. Only too bad for me. 'Cause when she handed me the string, my ice cream dropped on the ground. And my balloon string slipped right out of my fingers. I bended my head back and watched my balloon float up to the sky. Then my eyes got more tears in them.

Chapter 6

1. D "Hey! What kind of stupid dumb prize is this?" I said. "A stupid dumb comb isn't even a toy! 'Cause I can't even play with this stupid dumb thing!"

2. A That mean Jim laughed real loud. "P.U.! JUNIE B. JONES PLAYS IN HER TOILET!" he hollered. And so all the other kids started laughing, too.

3. B "MISSSSED HIM! YOU MISSSSED HIM! HA-HAHA-HA-HAAAA-HAAAA," sang that Jim I hate. That's how come my temperature boiled over. And I quick spun around. And I threw my other sponge right at that meanie boy's face! It hit him right in the kisser! "BULL'S-EYE!" I shouted very happy.

4. A Then I runned out of that place as fast as I could. 'Cause I was in big trouble, that's why. "Junie B. Jones!" yelled Mother. "Junie B. Jones!" yelled Daddy. I runned and runned till I saw the giant Moon Walk Tent. Then I quick climbed inside of it. And I threw my shoes out the door. 'Cause of no shoes allowed in there.

5. B Then Daddy smoothed my hair. And he said the word don't worry. "You and Mother go on to the Cake Walk," he said. "I'll stay here and find your other shoe."

Chapter 7

1. C "That's the Cake Walk," Mother explained. "You walk around in a circle until the lady stops the music. Then she pulls a number out of a hat. And if you're standing on the square with the same number, you win a cake."

2. A Finally, the cake lady clapped her hands. "Boys and girls. I'm going to start the music now. And I would like you to march in an orderly circle. But remember, as soon as the music stops, you stop too."

3. D Mother clapped her hands. "It is you! You are the winner!" she yelled. She had relief on her face. "Go pick out a cake! Any cake you want!" she said.

4. B "Yea!" I hollered. "Yea for the delicious fruitcake! 'Cause fruit is the bestest thing I love. And so that's the one I pick!"

5. C "NO! ME! ME! I WANT TO CARRY IT!" I hollered. "It's very heavy," said Mother. "Yeah, only that's how come I have muscley muscles in my arms," I explained. I bended my arm to show her. "See? See my muscle bump? That's how strong I am."

Chapter 8

1. B I pulled off the aluminum foil. Then I just stared and stared at that thing. It was brownish and slickish. And there was slippery shine on the top. "It got rotted," I said very quiet.

2. D And so Daddy put my fruitcake on the seat beside me. I climbed on top of it and buckled up my seat belt.

3. A Mother smiled. "But that's the great thing about fruitcake, Junie B.," she said. "You never actually have to eat it. Because it never goes bad." "Fruitcake has been known to last for years," said Daddy. "And if you ever get tired of it, you just put a bow on it. And you give it to someone you hate for Christmas."

4. C I carried my fruitcake into the house. Except for just then, it started to slip out of my arms. And so I quick plopped it in my kitchen chair. I climbed on top of it again. "Hey! Look how big I am! I'm all the way raised up to the table. And this fruitcake doesn't even hurt my behiney!" I smiled very happy. "This is the most usefulest cake I ever heard of!" I said.

5. B Then I took my flashlight from under my pillow. And I shined it on my fruitcake. The aluminum foil sparkled in the dark. It was the most beautiful sight I ever saw. I smiled some more. 'Cause I am a lucky duck to win that special thing. And also, I appreciate my comb.

주니 B. 존스와 구역질 나고 기분 나쁜 과일케이크
(Junie B. Jones and the Yucky Blucky Fruitcake)

초판 발행   2021년 12월 3일

지은이 Barbara Park
편집 김지혜 박새미
콘텐츠제작및감수 롱테일북스 편집부
번역 기나현
저작권 김보경
마케팅 김보미 정경훈

기획 김승규
펴낸이 이수영
펴낸곳 롱테일북스
출판등록 제2015-000191호
주소 04033 서울특별시 마포구 양화로 113(서교동) 3층
전자메일 helper@longtailbooks.co.kr
(학원·학교에서 본 도서를 교재로 사용하길 원하시는 경우 전자메일로 문의주시면
자세한 안내를 받으실 수 있습니다.)

ISBN 979-11-91343-12-0 14740